胡同里的北京

王越——著
王华——绘

中国工人出版社

图书在版编目（CIP）数据

胡同里的北京：彩色插图版 / 王越著 . —北京：中国工人出版社，2019.7
ISBN 978-7-5008-7227-6

Ⅰ .①胡… Ⅱ .①王… Ⅲ .①胡同—介绍—北京 Ⅳ .① K921

中国版本图书馆 CIP 数据核字（2019）第 145585 号

胡同里的北京：彩色插图版

出 版 人：王娇萍
责任编辑：葛忠雨　王　宁
责任印制：黄　丽
出版发行：中国工人出版社
地　　址：北京市东城区鼓楼外大街 45 号　邮编：100120
网　　址：http: //www.wp-china.com
电　　话：（010）62005043（总编室）（010）62005039（印制管理中心）
　　　　　（010）62379038（社科文艺分社）
发行热线：（010）62005049（010）62005042（传真）
经　　销：各地书店
印　　刷：天津嘉恒印务有限公司
开　　本：880 毫米 ×1230 毫米　1/24
印　　张：11.5
字　　数：234 千字
版　　次：2019 年 10 月第 1 版　2021 年 10 月第 2 次印刷
定　　价：68.00 元

前言

2019年2月，习近平总书记在北京前门地区调研中强调：一个城市的历史遗迹、文化古迹、人文底蕴，是城市生命的一部分。文化底蕴毁掉了，城市建得再新再好，也是缺乏生命力的。要把老城区改造提升同保护历史遗迹、保存历史文脉统一起来，既要改善人居环境，又要保护历史文化底蕴，让历史文化和现代生活融为一体。老北京的一个显著特色就是胡同，要注意保留胡同特色，让城市留住记忆，让人们记住乡愁。

胡同是北京城的重要组成部分。明清北京城的布局，把象征封建国家最高权力的紫禁城设在城的中心位置，然后以皇城、内城、外城为标志，形成层层拱卫之势。整个都城以紫禁城为中心左右对称，皇城前左（东）建太庙，右（西）建社稷坛，并在城外四面建立天、地、日、月四坛。明清北京城的中轴线，南起永定门，由南往北依次为前门箭楼、正阳门、中华门（明代称大明门）、天安门、端门、午门、紫禁城、神武门、景山、地安门、后门桥、鼓楼和钟楼，全长7.8公里。从这条中轴线的南端永定门起，左有天坛、右有先农坛，东便门、西便门，东华门、西华门，东直门、西直门等以中轴线为中心的对称建筑分布。在城市布局艺术方面，重点突出，主次分明，运用了强调中轴线的手法，造成宏伟壮丽的景象。其周围则以南北中轴线为依据向两翼展开，由街巷胡同编织成供千千万万户居民居住的，大面积低矮而呈灰色的四合院，烘托起雄伟高大而金碧辉煌的紫禁城，构成了一个不可分割的有机整体。街巷胡同依托城市，造成人与皇家建筑乃至北京城的整体统一，从而带来了老北京人生活方式中独有的“京味”特色。

丹麦建筑师、规划师瑞思穆森说过：“整个北京乃是世界的奇观之一。它的平面布局匀称而明朗，是一个卓越的纪念物，象征着一个伟大文明的顶峰。”英国科技史家李约瑟称颂道：“这种建筑，这种伟大的总体布局，早已达到了它的最高水平。它将对大自然深沉的谦恭情怀与崇高的诗意组合起来，形成任何文化都未能超越的图案。”

梁思成先生在《我国伟大的建筑传统与遗产》中写道：“历史上每一个民族的文化都产生了它自己的建筑，随着这文化而兴盛、衰亡。世界上现存的文化中，除去我们的邻邦印度的文化可算是约略同时诞生的弟兄外，中华民族的文化是最古老、最长寿的。我们的建筑也同样是最古老、最长寿的体系。在历史上，其他与中华文化约略同时，或先或后形成的文化，如埃及、巴比伦，稍后一点的古波斯、古希腊，以及更晚的古罗马，都已经成为历史陈迹，而我们的中华文化则血脉相承，蓬勃地滋长发展，四千年来，一气呵成。”

北京是一座具有建城三千多年和建都近九百年历史的名城。由紫禁城、中轴线、棋盘式道路网格规范的方正平直的辉煌帝都，讲究对称均齐、各安其位、横平竖直的胡同，和在胡同两侧排列整齐又典雅宁静的四合院，构建了北京人独特的居住方式和文化形态。它们宜居的环境，和睦相处、守望相助的邻里关系，又培育出了高远大度、胸怀祖国、贤良正派、讲究规矩、待人坦荡、敦厚而略带诙谐的北京人，在胡同里总是演绎着那些令人回味无穷、难以忘怀的人间故事，成为北京生命印记的重要组成部分。所以，大凡在北京胡同里生活过的人，都有一种难以割舍、深入骨髓的胡同情结。所以有人说“没有胡同，就不是北京城”。

有鉴于此，笔者在书中先叙述胡同的实质和胡同一名的来源，然后介绍北京胡同的历史演进、北京胡同的地理特色、北京名人辈出的渊薮。期盼能与热爱北京历史文化的朋友们一起，为保留胡同特色，留住记忆，记住乡愁，擦亮北京城市金名片，做出微薄的贡献。

本书在编写过程中，得到北京地理学会副理事长朱祖希教授、中国工人出版社葛忠雨先生、李倩女士的鼎力相助；国画家王华先生挥墨丹青，为此书增色不少，在此一并致谢。

王越

2019年5月6日

目　录

胡同里的北京

胡同的文化含义

胡同，是我国北方城市中对小巷的俗称。

胡同，是我国北方城市中对小巷的俗称。伴随着三千年的发展历史，它彰显了老北京生活方式中独有的“京味”特色，成为古都北京的一大亮点。

在北京历史上，最早对胡同进行介绍的是明嘉靖三十九年（1560年）张爵编写的《京师五城坊巷衚衕（hú tòng）集》。

《京师五城坊巷衚衕集》记述了明北京五城36坊的名称、位置和各坊的街巷胡同。在这本书的自序里，张爵特别叙述了自己编写的过程，“予见公署所载五城坊巷必录之，遇时俗相传京师衚衕亦书之，取其大小远近，采葺成编”。可知张爵虽然收集了北京的胡同，但却不是胡同二字的创始人。胡同从明代开始，才由坊间流传进入正式行用的街巷名称，使北京城的街道形成大街、小街、巷和胡同四个等级，如骡马市大街、朝阳门南小街、果子巷、麻线胡同等。其中大街、小街、巷、胡同是街巷地名中可通用的部分，称为通名；骡马市、朝阳门南、果子、麻线是街巷地名中的专有部分，称为专名。

我们只要到网上一查“北京最长的胡同”，就会出现“东交民巷”的字样。东交民巷在天安门东南侧，原名“东江米巷”，过去由京杭大运河北上的粮食都从这里入京，因胡同内设有控制漕运米粮进京的税务衙门而得名。以东交民巷而论，“东交民”是街巷的专名，“巷”是街巷的通名，把东交民巷作为北京最长的胡同，恰恰告诉我们胡同的实质是巷。不过明代胡同的写法，比现在复杂，在胡和同这两个字外面都加有“行”字，写成“衚衕”，表示胡同是可以让人随意行走的小巷。直到清末，因衚衕两个字写起来不方便，才有了简写的“胡同”。

胡同实质本是巷

在我国古代，城市里的道路分为街和巷两大类。

街是形声字，从行，小篆像纵横相交的十字路，本义为四路相通的大道。汉许慎《说文》："街，四通道也。"《三苍》："街，交道也。"《西京赋》："街衢相经。"巷比街短，指闾里中的通道。据《说文》："巷，里中道，从邑，从共，皆在邑中所共也。"有关"巷"的文字，在古籍中多有记载。《诗·郑风》："俟我乎巷兮，侮予不送兮。"《屈原·离骚》："不顾难以图后兮，五子用失乎家巷。"《列女传》："周宣姜后脱簪珥，待罪永巷。"永巷是胡同的别称，指皇宫内幽闭宫女的小巷。《三辅黄图》载："永巷，宫中之长巷，幽闭宫女之有罪者。武帝时改为掖庭，置狱焉。"在皇宫内，还设有与巷字有关的中宫官吏，称"巷伯"。《诗·小雅·巷伯笺》："巷伯，奄官。掌王后之命，于宫中为近，故谓之巷伯。"

成书于春秋时期的《周礼·考工记》中，对王城内的道路规制有严格的规定："匠人营国，方九里，旁三门。国中九经九纬，经涂九轨，左祖右社，面朝后市""经涂九轨，环涂七轨，野涂五轨"。国指王城，古代帝都的规划形制为方形，长宽各九里，每面城垣有三座城门，城内各以相对的城门为终始点，修建南北干道和东西干道。干道也

胡同，是我国北方城市中对小巷的俗称。伴随着三千年的发展历史，它彰显了老北京生活方式中独有的“京味”特色，成为古都北京的一大亮点。

就是大街，王城每面各开三门，每门三条大街，总计东西、南北向大街各九条，是为“国中九经九纬”，大街间有南北和东西的小街与之相通。“环涂”指环城干道，“野涂”指城外连接其他城市的干道。“经涂九轨，环涂七轨，野涂五轨。”所谓自南至北谓之经，自东至西谓之纬，由城中的九经九纬和顺城墙的环城干道，共同组成棋盘式道路网。“轨”指马拉轿车两个车轮之间的距离，“经涂九轨”意为王城干道的宽度能并行九辆马车。据贺业矩先生的《考工记营国制度研究》，古代一轨为八尺，周朝时的一周尺，合今天 23.1 厘米（约合 0.7 市尺），一轨约 184.8 厘米。“经涂九轨”，城市干道宽约 1663.2 厘米（约 16.6 米）。环城干道宽为“七轨”，约合 12.9 米。城外干道宽为“五轨”，约为 9 米。《周礼・量人》：“巷中路大约二至三轨”，胡同宽度约为 3.7 ～ 5.5 米，只可容两辆马车并行。九经九纬构建了王城内第一等道路“街”或称“大街”，与一等道路垂直的支道称小街，小街在长度和宽度上自然比大街要低一级。巷是“里中道”，指被“九经九纬”的棋盘式道路，即“街”切割的第二道城“里坊”内的十字通道。

我国古代实行闾里制，闾里的平面呈方形或矩形，在九经九纬划分出的网格内进行营建，四周围以高墙，形制规整，设里门出入。里坊是平民百姓居住的区域，坊内直对里门的道路称“巷”。闾里由里正管理，早晚定时启闭里门。大城的门统称“城门”，闾里的门称里门或闳（gōng）门，《说文》：“闳，巷门也。”顺便说一句，在东北和华北地区，把巷也称为闳。辽代幽州（今北京）法源寺僧人行均编撰的《龙龛手鉴》里，有“闳：巷也”的记载，记录了北方地区巷也念“闳”的语音。《说文》对“巷”的定义再清楚不过了，“巷，里中道”，由于巷只是里坊内的道路，所以它的长度要受闾里大小的限制，在宽度上也比小街要窄，等级上自然比小街还低一级。早期的小巷俗称胡同，指比巷还要窄一些的小通道，抑或“通向里门的巷”的支道，在里坊内与巷垂直相通，在街巷胡同中等级最低。

街和巷不只限于通道等级的划分，它们还是住户地位的象征。在封建社会，高官厚禄者，可以享受面街而门的待遇，朱漆大门直临大街，不受里坊早开晚闭被人监督的约束。《魏王奏事》里说：“出不由里门，而面大道者名曰第。”《史记·孟子荀卿列传》：“齐王嘉之，自如淳于髡以下，皆命曰列大夫，为开第康庄之衢，高门大屋，尊崇之。”面街而门是一种很高的特权，唐朝政府规定，凡三品以上的官员允许面街而门，三品以下的官员和普通老百姓只能住在封闭的里坊内。商人和有市籍或与其有关联的，按行业管理，住在被称为“曲”的胡同里。

也许有读者会问，不是说胡同是居住的地方吗，为什么古人总强调“通道”呢？其实这个问题很容易理解，街是又长又宽的大通道，巷是比街窄的下一级通道，胡同是更窄的再下一级小通道。不仅在胡同两侧，在街和小街的两侧、巷的两侧都可以建设住宅，但从街巷胡同的本意看，重要的不是能不能居住，而是能不能通行。现在北京城里的住户多了，似乎胡同里都住满了居民，其实早期并非如此。记得我小时候在北京就走过不少只作为通道而没有住户的胡同。随意举几个地方，原宣武门外骡马市大街路南，有家享誉海内外专门经营毛笔的老字号，叫“李福寿笔店”。这家店铺西侧紧邻一条南北连通弯曲的窄小胡同，南出口通东西向的大吉巷，这条胡同只是通道，没有住家。从这条胡同的南出口往西，在大吉巷的中部偏西处，又有条往南的胡同，南口通到东西向的羊肉胡同，这条胡同也没有住家，只是条通道，后来才有人向胡同开了个后门。羊肉胡同西头是死胡同，在胡同中段偏西处还有条宽胡同，这条宽胡同能走两辆大车，南北走向，向南与东西向的保安寺街相通，胡同里也没住户。保安寺街西头路南，有条南北向的窄

东交民巷全长为 1552 米，西起天安门广场东路，东至崇文门内大街，被称为北京最长的胡同。

胡同，与东西向的包头章胡同相连，这条窄小胡同里也没有住家，只供行人往来。只在这一片相邻的街巷胡同里，便有四条专供通行的胡同，如果在居民很少的古代，北京城里会有多少条以通道为主的胡同，那就可想而知了。

北京城里还有不能通行的小巷子，俗名“死胡同”。死胡同里也有四合院，一头与街巷相通，但走着走着会遇见一堵墙，墙里面是住家，行人是走不过去的。北京人把胡同的另一头不能与其他街巷连通，或者说不能形成通道的小巷，通称“死胡同”。死胡同的形成与历史有关，情况各异。比如当初的房子就是这样盖的，或者后来豪强仗势占地。也有人推测过去这条胡同里可能是个大家族，住在一个大门里，子孙多了以后各立门户分家另过，拆了大门以后，门外的公用部分便成了死胡同。不能通行的胡同叫“死”了的胡同，相对能通行的胡同便是“活”的胡同，胡同是通道已很清楚。

胡同通名的使用，并非仅仅是北京城的专利，其广泛分布于东北和华北地区的城市中，隶属北方方言中的华北官话区。华北官话即狭义的北方话，它以北京话为代表，通行于北京、天津两市，河北、河南、山东、辽宁、吉林、黑龙江等省以及内蒙古自治区的海拉尔、赤峰，安徽省阜阳等地。对照《中国邮政编码大全》，胡同通名的使用包括北京市，天津市，河北省的石家庄市、邯郸市、邢台市、保定市、张家口市、承德市、唐山市、秦皇岛市、沧州市、廊坊市，河南省的郑州市、开封市、洛阳市、新乡市、安阳市、周口市、信阳市，山东省的济南市、淄博市、济宁市、德州市，黑龙江省的哈尔滨市、齐齐哈尔市、双鸭山市、佳木斯市，吉林省的长春市，辽宁省的抚顺市、大连市、丹东市，内蒙古自治区的赤峰市、二连浩特市、呼伦贝尔的海拉尔区，以及安徽省的阜阳市，与华北官话区基本一致。太行山以西、黄河流域以南的西北官话区，江淮官话区，吴、闽、粤、赣、湘、客家六大方言地区没有胡同一词；在内蒙古广大地区和内蒙古北部蒙语区也没有胡同一词。最突出的例证，莫过于内蒙古自治区呼伦贝尔市的海拉尔区。海拉尔位于内蒙古自治区东北部，属“华北官话”分布区，在《中国邮政编码大全》里也有胡同分布。但海拉尔四周包括广大的内蒙古自治区，却无胡同之名。二十多年前，有人曾“假设”胡同可能来自蒙语“水井”的读音。然而，在我国广大的城镇乡村到处都有水井分布，但胡同只在东北和华北的城市里使用，包括东北和华北地区的农村并无胡同之称。这些都证实胡同是北方方言，系“华北官话”分布区内、专门用于城市小巷的代名词，与水井、外来语或蒙古语没有任何关系。

“华北官话分布区”与《中国邮政编码大全》对照表

北方方言中 “华北官话”的分布地区	《中国邮政编码大全》中 胡同的分布地区
北京市	北京市
天津市	天津市
黑龙江省	黑龙江省
吉林省	吉林省
辽宁省	辽宁省
内蒙古自治区的 海拉尔区、赤峰市	内蒙古自治区： 海拉尔区、赤峰市、二连浩特市
河北省	河北省
河南省	河南省
山东省	山东省
安徽省阜阳市	安徽省阜阳市

《岁月如歌》

这是保定军校校长的旧宅，经过百年风雨，历尽沧桑，从门框上的四个门当可以看出当年的等级与繁华。

胡同别名

街巷与城市互为依托，在城市里街的地位最高。巷和胡同在街巷中等级地位最低，住在这里的居民多为小门小户，无法与住在街面上的高门贵族相比。我们在史书里能看到的，多是对胡同的贬称，诸如陋巷、穷巷这类表示贫困的贬义词。辛弃疾在《永遇乐》中写道:“斜阳草树，寻常巷陌，人道寄奴曾住。”南朝宋武帝刘裕字寄奴，刘裕早年丧父，家境贫寒，当年只能住在寻常的胡同里。唐代戴叔伦在《送张南史》写道：“陋巷无车辙，烟萝总是春。”古代人以马车做交通工具，车辙就是马车的轮子在地上压出来的印痕。在胡同这样的陋巷里，不会有大官坐着高级轿车往来。清代唐孙华写得更加凄惨，他在《连雨》一诗中写道：“贫突断炊烟，陋巷少行迹。”住在胡同里的人，穷得连饭都吃不上，没人愿意从这里行走，更谈不上有官吏的车马经过。孔老夫子赞美颜回：“贤哉回也，一箪食，一瓢饮，在陋巷，人不堪其忧，回也不改其乐。”颜回是孔子最得意的弟子，自汉代起，被列为七十二贤人之首。颜回家里很穷，住在破烂窄小的胡同里，居室简陋，饿了吃口剩饭，渴了喝口凉水，但他没有抱怨，依然高高兴兴地刻苦学习。

胡同在早期也称衕或洞。汉代许慎的《说文》中记载：“衕，通街也。”《广韵》：“音洞，义同。”“衕”同字首为行，意通行，字身取“洞”字音义，指与街相通的小巷。

洞与同音义相同，表示连通，是我国各地对小巷的通称。《司马相如·大人赋》：洞出鬼谷之堀礨崴魁。《后汉·梁冀传》：连房洞户。洞，通也。洞音唐。《韵补》：叶徒当切，音唐。北京人管进门的过道叫门洞，古代把室与室之间相通的门户称洞户。《洛阳枷蓝记》称："崇门丰室，连房洞户。"《东京梦华录》载："九月重阳，都下尝（赏）菊，无处无之，酒家皆以菊花缚成洞户。"洞与小巷有着密不可分的关系。

汉代，贵族之家"堂寝皆有阴阳奥室连房洞户"，连房洞户指房子里的小巷道，称里衕。在封建社会，里同有阴阳之分，阳光照射不到的里同显得阴暗，作阴气论；有阳光照射的里同显得明亮，作阳气论。宋楼钥在《小溪道中》一诗中写道："后衕环村尽溯游，黑风寺下换轻舟。"楼钥（1137—1213 年）是南宋鄞县（今属浙江）人。隆兴元年（1163 年）进士，早年使金，著有《北行日录》。楼钥是南方人，又到过北京，可见在宋代以前，人们也经常把胡同称为"衕"或"洞"。

唐代，长安城内把胡同称为"曲"，是手工业作坊的聚集地。唐长安城设 109 坊立东西两市，市占两个坊的面积，外围有高大的围墙。市内四条大街，将整个市划分成九个长方形区域，每个区域内有便于通行的小胡同，宽约两米，有的巷道下还有砖砌的暗排水道。市将若干个同类的商品聚集起来，由"肆"或相当的"行"和"店"组成。坊内则不许开设商店，居民分阶层，按职业组织聚居。坊市内的胡同被称为曲，如靖恭坊有"毡曲"，是造毡作坊的集中地，兴道坊东门北有"下曲"，颁政坊有"馄饨曲"，平康坊有"南曲""中曲""鸣珂曲"等。大历二年五月，唐代宗诏令"诸坊市街曲，有侵街打墙，连檐造舍等，先处分一切不许，并令拆毁"。古代南北各地普遍把小巷胡同称曲，南宋学者欧阳守道在《巽斋文集》里便说"今通达广路，犹无洁净之所，而偏街曲巷，使人掩鼻疾趋，如此安得不病？"所谓直为街，曲为巷，大者为街，小者为巷。

《增韵》："直曰街，曲曰巷。"曲是与巷垂直交叉后弯过来的小通道。"胡"和"曲"一样，也表示是与街巷垂直弯过来的分支部分。《正字通》："锋之曲而旁出者曰胡。戈颈也。"胡是会意、形声字，意为咽喉，用在街巷中意为咽喉小巷。辽代以前有由"胡"衍生的小巷专用字"衚"，收入幽州（今北京）法源寺高僧行均编写的《龙龛手鉴》（原名《龙龛手镜》，宋人刊刻时，为避赵匡胤祖父赵敬之讳，改为今名）中。

我国南方的街巷，按街、巷、弄、衖排列等级。和北方的胡同一样，"弄"是"巷"的下一级单位，里面住的居民也是从事各行各业的城市平民。宋时杭州有羊千弄、马子弄。羊千弄在永康巷东南，南宋时为富景园，系皇家牧养处，豢羊千头，牧羊者居屋成弄，曰"羊千弄"。马子弄在断河头东，断河头系粪船麇集地。《梦粱录》："杭城户口繁伙，街巷小民之家，多无坑厕，只用马桶，每日自有出粪人去，谓之'倾脚头'，各有主顾，不敢侵夺，粪主必与之争，甚者经府大讼，胜而后已。"直到民国时期，杭城仍由三家"金汁行"即粪行垄断粪汁，断河头亦有一家。"衖"的级别更低，其宽度只有两三米。如宁波的树行衖，以旧有万顺木行得名，宽只有两到三米，长 143 米；赵天德衖（以旧有赵天德染坊得名），宽三四米，长 150 米。我国台湾省的街道，至今仍按路、巷、弄、衖顺序排列，比如，新北市莺歌镇文化路有 324 巷某弄某衖某号。在北京地区，像衖这样的窄巷，则通称"小胡同儿"。

"弄"的古字作"衕"，吴音念"弄"。古代巷、衕不分，这两个字都是巷。南北朝（420—589 年），出现了衕的南音"弄"。《南齐书》本纪中，记录了 494 年东昏侯被弑西弄一事。南方对弄还有几种双音字叫法，一是在"弄"的前面加里，称小巷为里弄；二是在"弄"的后面加唐，称小巷为弄唐，或称弄堂、衕堂、衕通。按《尔雅》载："庙中路谓之唐。"祝允明《前闻记》记载："今人呼屋下小巷为弄""俗又呼弄唐，唐亦路也”。唐又写作洞、通。《韵补》：洞，叶徒当切，音唐。无论叫“弄”“里弄”“弄唐”或“弄堂”“衖堂”“衖通”，也不管它是单音字、双音字，约定俗成，老百姓都知道这是小巷，指的都是“弄”。

唐宋时，吴音大盛，作为小巷的“弄”“里弄”“衖堂”“衖通”，很快流传到了北方。欧阳修的《新唐书》中记载：“自禄山陷长安，宫阙完雄，吐蕃所燔，唯衢弄庐舍。”唐代李贺《绿章封事（为吴道士夜醮作）》写道：“金家香衖千轮鸭，扬雄秋事无俗声。”李贺是唐朝人，生长在北方，可知在唐代以前北方地区也称小巷胡同为“衖”或“弄”。敦煌变文《维摩诘经讲经文》中记载：“我向街衢游玩，里衖巡行。”里衖就是里弄，也作里同。翟灏《通俗编》卷二十记载：“‘里衖’与‘里弄’同。”是指唐时，北方地区不仅已称小巷为“衖”“弄”，也把“弄”的双音字俗称“里弄”“里衖”或“弄堂”“弄唐”“衖堂”“衖通”等使用到小巷中。旧《五代史》卷 114《周书・世宗纪》记载：“广顺元年正月，太祖践祚，帝恳求入觐，忽梦至河而不得渡，寻授澶州节度使、检校太保，封太原郡侯。帝在镇，为政清肃，盗不犯境。先是，澶之里衖湫隘，公署毁圮，帝即广其街肆，增其廨宇，吏民赖之。”世宗即后周世宗柴荣，邢州龙冈（今河北邢台西南）人，幼时被姑父郭威收养，及长奉命看守邺都，抵御契丹。951 年郭威即位，是为后周太祖。柴荣被任命为澶州节度使，封太原郡侯。“先是，澶之里衖湫隘”一语，证实五代时北方也称狭窄的小巷为“里衖”。在澶州遭洪水袭击后，柴荣重修道路，拓宽街道，“广其街肆，增其廨宇”，受到市民的好评。后周的领地在黄河流域和华北地区，与吴越只一江之隔，“衖”“里衖”和“衖通”在唐宋时已传入此地。

不仅如此，就连元大都建设新城时，元大都官方对小巷子的称谓也采用了“衖通”（即弄堂）作为街巷通名，而没有使用北曲或元杂剧里的民间俗语“胡同”。小巷“胡同”或“弄堂”在北方南北音混杂使用的情况，直到明朝建立后才得以解决。

《岁月悠悠》

一个简易而普通的门楼，居住着一群普通的百姓，门前有个低矮的用来盛放蜂窝煤的小棚，小棚上面是人们随手丢弃的自行车胎，似乎诉说着悠悠岁月的绵长。

胡同与水井无关

胡同是小巷，本无可厚非。但到了 20 世纪 80 年代，有人臆想胡同两字可能是从蒙古语“水井”里借来的词。

这个“假设”的观点大致有两点：

1. 假设胡同是来自蒙古语（xuttuk），大致是“hudug”这样的音，原义水井的借词。

2. 蒙古族在沙漠地区用水困难，逐水草而居。进入金中都和元大都里汉人居住的街巷，让他们感兴趣的是几乎绝大多数的巷里路上都有水井……当汉人总听见蒙古人提到汉人小巷时就说“huddug”，汉人也误以为蒙古语把巷叫作“胡同”，也就跟着叫。

这种说法首先表明“假设”胡同源自蒙语，接着进一步“假设”蒙古族进入汉人居住的街巷后感兴趣的是巷里路上都有水井。仅从“假设”给出的条件来看，先是“蒙古族看到金中都小巷里有水井”，接着“蒙古人提到汉人小巷”就大喊胡同，这才有了第三步“汉人也就跟着叫”。我们暂且不谈此说正确与否，仅以其给出胡同的定义是“有井的小巷”而论，也说明胡同原是小巷，待到元朝建立后才把“有井的小巷”称为胡同。可惜有人连这个臆想的前提都没看懂，便急急忙忙把“假设”有井的小巷，当成就是蒙语水井。某《北京史》写道：“当时把巷道称为通或胡同，是蒙古语‘水井’之义。”某《汉语外来语词典》解释胡同一词时说“胡同（蒙 hottōk）原是‘水井’的意思，后转用来指城镇中的小街巷”。这是两则以假乱真、把“我假设”改动为“是”或“原是”的例证。尽管如此，此两则尚未否认胡同的实质是巷或小巷。所以无论胡同是否与水井有关，尚可确认胡同就是自古有之的巷或小巷。还有人越说越玄，干脆以“假设”替代胡同的实质，大谈“北京的胡同产生于元代，至今已有七百多年的历史”之类，出现了元代以前北京城里连小巷子都没有的奇谈怪论。这一用臆想替代史实的做法，贻误后学，当予以纠正。

近年来，随着对胡同研究的深入，“水井假说”遭到质疑。“水井假说”曾以清末朱一新《京师坊巷志稿》提出“一条胡同一口井”，作为“假说”的支柱。笔者依据《京师坊巷志稿》，按清末内外城五城区划，对北京城内分布在街、巷、胡同、菜园、旷地、义园茔地里的水井分类统计考证，确认北京城的水井，主要分布在宽阔的蔬圃旷地和茔地里。在街巷胡同中，以街和大街的水井最多。《京师坊巷志稿》载，清北京城内共有井 1266 口。其中，菜园、旷地、义园、茔地 41 块，井 181 口，水井平均分布密度高达 4.4，是北京水井分布最多的地方；街和大街 178 条，分布有 222 口井，水井的平均分布密度为 1.3；巷和以专名为街巷者 899 条，共有井 421 口，水井的平均分布密度为 0.47；胡同 1207 条，只有 442 口井，水井的平均分布密度为 0.36，在街巷中水井的平均分布密度分布最低，足以证明水井与胡同之称毫无关联。

1978 年，“水井假说”提出，现在北京地名中有二眼井、四眼井，可能就是元代用蒙语称井为“胡同”的证据。事实上，“四眼井”指井有四个井口，在元朝以前已经存在。如杭州有方井（俗称四眼井）、小方井（俗称六眼井，在钱塘门外），为唐邺侯李泌所开六井之一。宋苏东坡《乞开杭州西湖状》：“杭之为州，本西湖故地，水泉

《清明上河图》中的四眼井。

咸苦，居民零落。自唐李泌始引湖水作六井。”杭州还有井，也叫四眼井。《咸淳临安志》：“井，在荐桥北，俗呼四眼井，水宜染紫，与他井异，染工多取焉。”安徽池州市有“包公井”，又称四眼井。《贵池县志》载，宋代至和元年至二年（1054—1055 年）包拯任池州知州，为“吏人汲以瓶罂润观”，亲自带人浚通此井，现为市级文物保护单位。不仅如此，四眼井还是宋代标准水井的一种形式，在《清明上河图》中已绘有其图像，它比元朝早 300 年。可见，北京地名中有二眼井、四眼井等，与蒙语水井没有关系。

早在原始社会，我们的祖先就已经开始利用地下水。所谓“凿井而饮、挖穴而居”。《吕氏春秋·勿躬篇》中记载：“伯益作井。”唐代徐坚的《初学记》中记载：“伯益作井，亦云黄帝见万物，始穿井。”所以，用井为标识物并列入街巷名称，是我国几千年留下的文化传统，并非由元朝创此先例。不仅是北京地区，全国所有的城市几乎都是一样。北宋《东京梦华录》寺东门街巷条载，“北即小甜水巷”“以东向南曰第三条甜水巷”“街北曰车略院，南曰第二甜水巷”。“南往观音院，乃第一条甜水巷也”，是元代以前已把井列入街巷名称的明证。

在我国南方城市中，以井为标识物并列入街巷名称更是数不胜数。南京有邀贵井、尚书井、铜井巷、金沙井、杨公井、双井巷、大井巷；杭州有大井巷、小井巷、井弄、井亭桥、义井巷、方井巷、湾井巷、百井坊巷、郭婆井巷、柳翠井巷、白井儿巷、直饮马井巷、横饮马井巷、袁井巷、砚瓦井巷等；泉州有曾井巷、贵阳扁井巷；南昌有土井巷；其他如西宁的玉井巷，玉林的东井巷，长沙的水风井、双井巷、高井街、古井巷等。元朝时，这些城市均在元版图内，假设胡同真的与蒙语水井有什么关联，这些城市中的小巷都该称为胡同才对，但南方虽以井为街巷名，却决不称其为胡同，而称小井巷、井弄，可知胡同与蒙语水井毫无关联。

据《京师五城坊巷衚衕集》记载，明代的北京分五城（中、东、西、南、北）36 坊，有名的街巷胡同共 1288 条，除城关外 111 条不计，总计 1177 条。其中以庙宇为街巷胡同者 202 条，以井为街巷胡同者 23 条，平均每坊不足一条；以庙宇为名的街巷胡同，比以井为街巷胡同者多出 179 条，相当于以井为名街巷胡同的 8.7 倍。另仅南熏坊、澄清坊、明照坊三坊中，以皇家官府衙门为街巷名称者便超过 23 条。以手工业、达官贵人府第、贸易集市为街巷名称者，比比皆是，都远远超过以井名为街巷胡同的数量。值得注意的是，在明 36 坊中，有 19 个坊，即占半数以上的坊内，根本没有以井名为街巷胡同名称者，也可以证明胡同与井毫无瓜葛。

从秦汉到隋唐，蓟城（今北京西南）一直是燕山山脉南北各少数民族角逐的疆场，辽、金、元三代更把这里称为“人马之宫”，是人和马共存的地方。不仅人生活靠井，牛畜马匹也赖以生存。南方人出门靠船，北方人出门叫“带马”“套车”“南船北马”，北方全靠马和马车。北京地区为方便牛马饮水，特别在水井旁设有石槽，再加上马车占地很大，所以水井都设在比较宽阔的地方。遍布各处的水井，用水车或辘轳打水。这些井并不在狭窄的胡同里，而是分布在城门口、庙前、大街、火巷，或称为施水堂的宽阔地方。《析津志》里有一大段关于施水堂的记载，大都城内人口密集，来往的车辆马匹众多，被称为人马之宫。为解决过往人员和马匹的饮水问题，大都在一些宽阔的庙前、城门口、大街上建有水井，上设水车。“随井浅深，以辇涌水车相衔之状。附木为犀斗，联于车之机，直至井底。而上人推平轮之机，与主轮相轧，犀斗则倾于石视中，透出于阑外石槽中。”人只要用木棍推动水车上的平轮，就能将水打出置于石槽内，以供人与马匹饮用，非常方便，这些有井的地方称为施水堂，并不叫胡同。施水堂遍布全城各处，其中在凤凰池有一座，思诚坊青杨树下有一座，钟楼东一座，草市一座，集贤院西一座，礼拜寺前一座，大长公主府对门一座，火者门一座，文明门内一座，齐化门外一座，平则门外一座，西宫北一座，太庙西一座，湛露坊南角上一座，普照寺庙前一座，平则库前一座，均不在胡同里。据笔者所知，元代史料中有关于井的记载，均以汉语称井，并未像“水井说”假设的那样使用蒙语。《析津志》记载“大悯忠寺有漆布井一口”“崇元观在大井头近东”。如按“水井说”假设所述，则大悯忠寺里的漆布井就该写作漆布胡同，大井头该写作大胡同头，但这里均按汉语作井。多亏《析津志》为我们提供了有关元代北京水井的重要信息，那就是有井的地方从未被称为“胡同”。

1215 年，蒙古人占领中都城，改中都为燕京，由燕京留守兼行省长官札鲁忽赤即断事官治理，并设左、右警巡院管理民政。据《元史・百官志》记载，蒙古人占领中都以后的 60 年里，中都城沿袭金制，为 62 坊，除豪华的皇宫被焚烧殆尽外，城墙大部分还在。明初刘崧诗“南城土垣故不塌”。城内的街巷胡同、衙门、商铺、佛寺道观基本没什么变化。中都原是金朝首都，贵族官宦簇居，商贾四至。秦楼榭馆少不了挟娼冶游，勾栏瓦舍自多歌唱演出。原中都东南的东开阳坊东和城北檀州街（在今广安门内外街附近）西边大悲阁、东边柴市（约今菜市口）一直是商业中心，经常有各种演出，使燕京被后世称为元杂剧发展的中心。胡同这一金时已经存在的北方小巷称谓，也在早期的北曲杂剧中得到流传，如关汉卿《单刀会》里记载的“杀出一条血胡同来”；王实甫《歌舞丽春堂》里记载的“更打着军兵簇拥，可兀的似锦胡同”，都出于元朝建立前的金中都旧城。

“假说”还认为，“胡同”二字源于元代《析津志》里的“衖通”，是蒙语“水井”的汉字表音。前面已经说过，“衖通”是吴音方言“弄”，“假说”把“衖通”释为蒙语，显然错误。1260 年，成吉思汗之孙忽必烈继承汗位，又把燕京改为中都，1267 年迁都中都，开始在中都城东北部修建元大都新城。1271 年，正式建国号为“大元”。1272 年，改中都为大都，并定为元朝的京都。元大都新城的营建，遵用汉法，1274 年正月宫阙告成，忽必烈始御正殿，两年后才建成大都新城。大都新城建成后，元大都的范围包括南北两城，一个是原大都城（金中都城），称旧城或南城；一个是在中都城东北的新城，是为南北两城制。在南北两城中，南城流传着“血胡同”和“锦胡同”的说法，证实“胡同”一词出现在元大都新城建立以前。元代熊梦祥的《析津志》中记载称，“街制：……三百八十四火巷，二十九衖通。衖通二字本方言”，说明大都新城的街道分大街、小街、火巷、衖通四等，除街为全国通用外，火巷和衖通都使用了南方街巷的行用名。火巷，是南方普遍使用的街巷通名，宋金交兵时创于南宋，既为防火而设，也方便作战用兵。衖通是“巷”的吴语方言“弄”。《徐霞客游记·楚游日记》：“东下一级，复值润底，已转入隘关之内矣。于是辟成一衖通。”在衖通下特别注明“弄”，小巷之意。在《析津志》里，从未涉及“胡同”二字，“水井假说”把“衖通”释为蒙语，其错在何处，已不言自明。

说到蒙语“井”的读音，与汉语胡同的发音也没有相似之处。元世祖忽必烈，命人编撰的蒙汉对译辞书《至元译语》地理门里，蒙语“井”曰忽都；明洪武十五年（1389 年）所编诸番语言和汉语的对译辞书《华夷译语》中，蒙语“井”曰古都黑。笔者曾到内蒙古、东北、新疆等地采访专家和牧民得知，现代蒙语“井”的发音是呼都格。无论元明时的忽都、古都黑，抑或现代的呼都格，蒙语“井”的发音都不可能变成胡同。

在中国井文化里，“井”还是“黄泉之地”。黄泉在中国传统文化中指人死后居住的地方，古代认为天地玄黄，泉在地下，故称黄泉。唐代白居易的《长恨歌》中有记载："上穷碧落下黄泉，两处茫茫皆不见"，唐卢仝的《井请客》中有记载："我愿拔黄泉，轻举随君去。"甚至在黔桂湘等边远地区，侗族同胞广为流传的叙事琵琶歌《阴阳歌》里，也同样用黄泉井叙说了人间和阴间两个世界的事情。《左传·隐公元年》里，记载有两千七百多年前著名的成语典故"掘地见母"。春秋战国时期，在今河南省新郑一带，有个重要的诸侯国郑国。郑庄公弟兄二人，母亲武姜因为生庄公时难产，对他心生厌恶，取名"寤生"。郑庄公的弟弟共叔段长得一表人才，姜氏对他百般宠爱。庄公继承王位后，姜氏与共叔段密谋篡位，让共叔段借机会起兵谋反。郑庄公早已发现他们的阴谋，即派公孙吕率二百辆兵车包围共叔段的封地京襄城（今荥阳），共叔段仓皇外逃至共城（今河南辉县）后自杀。庄公大怒之下把母亲从京城赶到颍地（今登封颍阳）居住，发誓"不及黄泉无相见也"。过了一段时间，庄公有些后悔，但为"不到黄泉不能相见"的誓言所阻，颍考叔献计，在地下挖掘一口井，直到泉水涌出时，建一地下室，然后把姜氏接来居住。庄公从台阶上一步步下到井水边，最后庄公母子终于团聚。

井虽然带给民众灌溉、生活之利，但从另外一些诸如"坐井观天""落井下石""井底之蛙""市井之徒"等与井有关的成语里，我们也不难看出古人对"井"的贬义。民谚以"九泉之下"寓意人的死亡，人死后就踏上了黄泉之路，井便成为由生通向阴间的时空隧道。所以，我国各地过去有捐资开凿义井，在井栏上刻记铭文用以超度亡魂，期盼故去的亲人早升天界的风俗。如苏州西泮环巷井栏石刻铭文："孝夫某为亡妻何氏四乙娘。嘉泰元年正月。"苏州西美巷井栏石刻铭文："孝夫某为亡妻黄氏十四娘。嘉定十七年十二月"。这种捐资开凿义井，为民供水的善举，到了宋代更为流行。《吴门表隐》里所记乔司空巷义井，刻有父母舍钱开义井，对亡女早升天界的期盼。对一些重要

明凌濛初《二刻拍案惊奇》
“井中谈前因后果”

的义井，后人还给筑舍修亭。元耶律楚材的《湛然居士集》里，便记有辽代重熙（1032—1054年）清宁（1055—1064年）年间，“筑义井精舍于开阳门之郭（今北京朝阳门大街），旁有古井，清凉滑甘，因以名焉”。在封建社会，还把井作为埋葬嫔妃的坟墓，北京明十三陵有东井、西井，《帝陵图说》里说：“东井、西井当天寿山正东、正西之地，永乐间所置。取金井之义，下窆穿圹不隧，为成祖十六妃殉葬之所，以次而附也”。北京海淀区青龙桥镇西南部，功德寺东北隅，有东大井和西大井，过去也是埋葬明嫔妃的地方。因这里坟园的地下玄堂不设墓道，故称为“井”，即墓井。清代形成聚落，沿用明代地名为东大井村和西大井村。民国年间民居增多，逐渐形成两米多宽的小巷，遂名东大井胡同和西大井胡同。可以明确地说，在我国传统文化中，任何一个历史时期、任何一个城市，只有以井作为行用名的街巷，决不会出现把居住地视为水井的事情。如果说，把胡同说成来自蒙语，仅仅是在当时资料不全的情况下，所做出的一个随意的假设，一种学术的探讨，似乎还说得过去。但现代人不加分析，干脆把“假设”的东西以假乱真，把人居住的胡同说成是水井，则绝对是个原则性的错误。

王彬先生在《辽金“竖胡同”余香未已》一文中写道：“1151年，金帝完颜亮扩建南京，将东垣扩展到现在的潘家胡同，其中的宣耀门位于南横东街与潘家胡同的交会处。南横东街西端与南横西街相连，在旧时统称南横街，其北分布着众多狭窄胡同，以菜市口大街为基线，西面是：北半截胡同、南半截胡同、烂缦胡同、永庆胡同、西砖胡同、七井胡同、教子胡同；东面是：粉坊琉璃街、潘家胡同、贾家胡同、果子巷、迎新街、米市胡同……值得庆幸的是，这些胡同还在，给我们留下了无比珍贵的胡同实体。然而，这些胡同在存在了八九百年之后，大部分即将消失，这就令人难以心绪平静。这些金代、辽代胡同，相对大都，至少早了二三百年，相对明清，至少提前了四五百年！大都与明清时代的胡同我们开始重视，而早它们几百年的胡同却是如此寥落不堪，这又作何解释呢？”该文最后说：“辽金时代的胡同是否应该纳入我们的保护视线？虽然它们已残破，但是认真研究，制定一些保护措施而亡羊补牢，使其为北京的历史文化与城市建设发挥作用，总还是可以的！”

王彬先生的说法，得到了大家的广泛认同。

《老皂角树》

这是清代名臣沈家本故居中的一棵生长茂盛的百年老树，画家采取了新颖的构图方法，巧妙地透过老门楼内的花门楣表现出画中老树的独特历史环境，给人以一种沧桑的历史感和厚重的文化感。

胡同原是北方话

1991 年，我国著名红学家周汝昌先生在《北京晚报》撰文，质疑胡同与蒙语有关。周先生说胡同是小巷，和水井、泉、城颇有差异，如只就音寻源，汉语中的和屯、混沌、洪洞、滹沱与胡同的记音也非常接近，未必来自蒙语，“寻古北语也，不独蒙古”。自周汝昌先生提出问题，已经过去快三十年了，时至今日也没人能给予回答。原因是一“口”垂直向地下的井，怎么也变不成地面上的一“条”通道或一“条”胡同。

胡同为蒙语一说，史书未载。在明沈榜编著的《宛署杂记》里，有句谶语，有人便取其中“衚衕本元人语”六字，错认为“元人语”就是“蒙古语”。查沈榜的《宛署杂记》原文:“衚衕本元人语，字中从胡、从同，盖取胡人大同之意。然二字皆从行，迨我朝龙兴，胡人北徙，同于荒服，亦其谶云。”全句的意思，胡同是句谶语，元朝人解释为胡人大同，然二字皆从行，实际暗示了大明兴起，胡人同归北方荒漠。

《宛署杂记》的作者沈榜，湖广临湘人，万历十八年（1590 年）任宛平县知县。如以 1507—1517 年间刊行的《老乞大谚解》为参照，沈榜到北京任宛平知县的时候，“衚衕”这两字起码在北方已经正式使用了八十多年。因此沈榜来京后所接触到的，肯定不是“衚衕”的前身“胡洞”，而是已经正式列入街巷行用名的“衚衕”。谶语第一句“字中从胡、从同”，可以确认沈榜谶语里拆字用的是“胡”和“同”，而不是“衚衕”的前身“胡”和“洞”，因为只有“衚衕”才能拆出“字中从胡、从同”。假如沈榜知道应该是“胡洞”这两个字，原文就会变成“胡人大洞”，也编不出这句谶语了。当然，作为不是北京土生土长的南方人，沈榜可能无从知道、也没有必要知道“衚衕”来自“胡洞”。

沈榜把“衚衕”解释为“胡人大同”，此语没有任何史料价值。其一，“衚衕”的前身是“胡洞”，不可能拆出“胡人大同”；其二，胡人是中原人对我国北方少数民族的通称，带有歧视味道，蒙古人不会自称胡人，更不会自称胡人大同；其三，中原人更不会喊胡人大同，元朝时民族矛盾非常尖锐，以致各地农民起义不断，推翻元政权尚恐不及，谁会希望它大同呢？沈榜的“胡人大同”一语，本是沈榜在当时社会条件下，为献媚朝廷杜撰的一句谶语，是子虚乌有的事，并非考证之说，不宜引以为证。现在有人用“胡人大同”来解释胡同，是上了这句谶语的当。接下来：“然二字皆从行，迨我朝龙兴，胡人北徙，同于荒服，亦其谶云。”显然牵强附会，毫无道理。

谁都清楚，“元人语”中的元是朝代名，指元朝，讲历史常说唐、宋、元、明、清，均指朝代。宋代欧阳修的《六一诗话》中记载：李白《戏杜甫》云：“借问别来太瘦生，总为从前作诗苦。”欧阳修说“太瘦生”是“唐人语”，指这是唐朝人说的话。“元人语”也一样，只表示这是元朝人说的话。其他如：

许学夷《诗源辨体》卷三五：“《诗法源流》一书，乃嘉靖间王用章取元人论述古人诗增广而成者。古诗采自《十九首》至陶渊明共九十九首，律诗采杜子美五言九首、七言四十二首。其所引元人语，纯驳不齐，而略无己见。”

钱基博《古文词类纂解题及其读法》：“吴氏则戒作宋、元人语曰：‘是宜多读周、秦、两汉时古书。’此湘乡之师法，而非桐城家言也！”

《四库总目提要》天籁集二卷（编修汪如藻家藏本）：朱彝尊辑《词综》时，亦尚未见其本，书成之后乃得之。书虽晚出，而倚声家未有疑其伪者。盖其词采气韵，皆非后人之所能，固一望而知为宋、元人语矣。

以上所举“元人”均指元朝时人，所指“元人语”也都是汉语，无蒙古语之意。沈榜的“衚衕本元人语”，只为拆字推出“胡人大同”这句谶语，自始至终均使用汉语来解释胡同，从未提到过蒙古话。可见，“元人语”三字，与“蒙古语”没有什么关系。

如果我们仔细翻阅沈榜的《宛署杂记》，还会发现沈榜所指的“元朝”却包括“金朝”在内。这可能与明朝人不分金元，把金元杂剧混称“元曲”一样。北京市社会科学院历史所研究员孙东虎先生对北京地名的考证贡献颇多，他发现《宛署杂记》第二十卷，“元朝公移”名目下，沈榜抄录了在西山栖隐寺（在今门头沟区妙峰山镇樱桃沟村北的仰山上）得到的一块元代断碑文字。碑文记载，这个月的二十六日，接到大兴府指挥、尚书省工部的公文，栖隐寺僧“有天会年间书示施状，及正隆二年告到山林为主榜文”，还有“天会年间皇伯宋国王书示”等，官府判决“东至芋头口，南至逗平口，西至铁岭道，北至搭地鞍”，依旧归寺院所有。今后任何人“不得于本寺山林四至内乱行非理采斫，如有违犯，许令本寺收拿赴官，以凭申覆上衙断罪施行”，碑文最后是布告的日期“大定十八年十月初一日榜”及县令等署名。浏览书中抄录的碑文可以发现，诉讼事件发生以及镌刻石碑的年代，都与沈榜所说的“元朝公移”不符。诉讼事件中的“天会”是金太宗与金熙宗的年号，相当于公元1123—1137年；正隆二年即公元1157年，时在金海陵王即“炀王”时期。布告日期中“大定”是金世宗的年号，“大定十八年十月初一日”即公元1178年11月12日。沈榜在《宛署杂记》中将金朝的事列入“元朝公移”之下，并就此评说元朝的司法制度，“元人虽夷，其于民间小事，亦必委曲会勘，略不轻率”，是一个比较明显的疏漏，应该加以辨析。

不过，这里反映了另一个事实：在沈榜眼里元人就是金人，《宛署杂记》“衚衕本元人语”中的“元人”，也包括了元以前的金人，甚至能上溯到石敬瑭割让幽云十六州后，是对辽、金、元等少数民族的总称。

中国数千年的文明史表明，源于中原的汉文化，具有巨大的亲和力。其原因就在于古代中国周边区域的文化较为落后。外族的进入，在军事上或许能取胜于一时，但在文化上却导致其自身的衰微。从北魏、辽、金，乃至稍后的元代，无一不是如此。而元大都新城按《考工记》和金中都规划布局所形成的“坊巷制”，均以中国传统的街制和四合院作为民居的主要形式，正标志着蒙古族以迁居转变过程的终结，绝不是北京文化的开始。表现在语言上，北京地区在辽金时期，以定型的中原之音为基础，“语音亦有微带燕音者”，如辽称汉人为“汉儿”，现代北京话语音后还留有带“儿”字等特点。会同元年（938年），辽太宗得到石敬瑭割让的燕云十六州以后，升幽州为南京析津府（今北京市），辽南京成了辽宋之间进行文化交流的主要城市。苏辙出使辽国时，从南京城（今北京）途经密云，所过之处的民众都普遍使用汉语，连古北口外奚人游牧地区也不例外。他在《出山》诗中写道：“燕强不过古北阙，连山渐少多平田。奚人自作草屋住，契丹骈车依水泉。囊驼羊马散川谷，草枯水尽一时迁。汉人何年被流徙，衣服渐变存语言。”契丹族人占领幽云十六州以后，人们所穿的衣服多少有些变化，但语言没有任何变化，大家仍然说着汉语。金迁都中都（今北京西南）后，北京地区成为中国北方的政治中心，汉语在北方的影响更加突出，如完颜合周所写榜文：“雀无翅儿不飞，蛇无头儿不行。”“语鄙俚”而朴实无华。

中国历史上不同时期的语言有继承性，因定都的不同、人口的迁移等因素，也在发生变化。在秦与西汉时，大致是以秦晋一带的方言作为标准语。自东汉以后，又以洛阳一带的方言作为标准语。隋炀帝杨广以洛阳为首都，把数万户富商大贾从全国各地迁徙到洛阳，推广以洛阳话为代表的正音和正语。唐朝时，洛阳话仍然被看作汉民族共同语的基础。北宋都汴梁（今开封），洛阳话和汴京话十分接近，两地流传的语音被称为“中原雅音”，与现在河南方言几乎完全一样。南宋定都于杭州，中原雅音也随之在杭州扩大了影响，直到今天杭州话还与中原官话有许多相似之处。“中原惟洛阳得天下之中，语音最正。”金迁都中都，使中原之音的影响扩大到金人统治的大部分地区。

元朝时，依旧以中原之音为正音，元大都人所说的北京话，被定为“四海同音”的“中原之音”。元人周德清的《中原音韵》就是“以中原为则，面又取四海同音”而编写的。从明初的《洪武正韵》到清中叶以前，教授语音的学者都以中原雅音为依据，以北京话为代表。清陈冲庆：“国朝建都于燕，天下语音首尚京音”，包括长江以北，镇江以上九江以下的沿江地带，四川、云南、贵州和湖北、湖南两省的西北部，广西北部一带，使用京音人口占汉族总人数的70%以上。与此同时，元明清三代随着政治、经济的集中，大量白话文学作品如元杂剧、《三国演义》《水浒传》《西游记》《儒林外史》《红楼梦》等广泛流传，使北京语音逐步上升到标准音的地位。

金元以后，北京话不仅成为各地来京人员通用的口语，而且成为各方言区之间共同的交际工具。笔者有幸收藏到元朝时，朝鲜人编写的原本《老乞大》影印本，里面收录的都是元代北京口语。看下面几段对话，我们仿佛到了元大都，听到元人用北京语音说汉语的情况。

原本《老乞大》里所涉及的地域，包括中国东北地区、沈阳、距离北京500多里的瓦店、夏店、大都（今北京）、涿州、山东济宁府、东昌、高唐等地。文中“如今朝庭一统天下，世间用著（通“着”）的是汉儿言语，咱这高丽言语，只是高丽地里行的。过的义州，汉儿田地里来，都是汉儿言语”。让我们知道不仅元大都人用汉语说话，在东北、华北地区“过的义州，汉儿田地里”都说汉语，是为《宛署杂记》中的“衚衕本元人语”指汉语，不是蒙语的佐证。

《庭院深深》

一株老干屈曲、枝繁叶茂的石榴树，顽强地生长在狭窄的小院进口处，昔日宽敞规整的四合院已经难以容下过多的人口，到处是自己搭建的小屋，这拥挤的环境就是普通北京人的真实居住状况。

胡同早期念“胡洞”

笔者从1980年起，参加《北京地名志》的调查和条目编写，一直对胡同苦苦探求。令我庆幸的是，收藏到了汪维辉先生编的《朝鲜时代汉语教科书丛刊》。在该书的原本《老乞大》影印本中，竟让我找到了明《京师五城坊巷衚衕集》以前胡同的写法。

《老乞大》成书于高丽朝末期，即中国的元末，是朝鲜时代最重要的汉语教科书之一。“乞大”据说意为契丹，指中国。“老乞大”就是老中国通的意思。该书采用对话方式，记述了几名高丽客商与中国王姓的辽阳人结伴去元大都做买卖的过程。明朝建立后，汉语发生变化，朝鲜国王于1483年邀请明朝使臣葛贵等对原本《老乞大》进行修改，由朝鲜语言学家崔世珍做出谚解，并在1507—1517年间刊行，是为《老乞大谚解》。在《老乞大谚解》中，已有“衚衕”二字，比明《京师五城坊巷衚衕集》（1560年）早77年。张爵在《京师五城坊巷衚衕集》的序中也写道，“予见公署所载五城坊巷，必录之；遇时俗相传京师衚衕，亦书之。取其大小远近，采葺成编”。由此印证了这样一个事实：张爵虽然收集了北京胡同，但却非“衚衕”二字的创始人。

1998年，韩国庆北大学南权熙教授在整理大邱市一位私人藏书家的藏书时，发现了明使葛贵修改前的原本《老乞大》。全书都用地道的元代北方口语，对研究元代汉语和社会具有重要价值。书里称本国为“高丽”，北京称“大都”，辽阳称“东京”，胡同为“胡洞”。《老乞大》中“胡洞”的发现，为“胡同”一名源于汉代巷的读音“胡洞”，提供了重要的文献依据。同时，也解决了“胡同”一名，由古代巷的读音“胡洞”，到俗语“胡洞”，再到明代正式定名的“衚衕”，清末简化为“胡同”的演变过程。

原本《老乞大》

恁自依著我，留一个看房子。

那般者，咱每留谁看房子？

恁三个里头，著这老的看者。

三人同行，小的苦。咱每三个去来。

这胡洞窄，牵著马多时，过不去。咱每做两遭儿牵。
★★

（重点号★★为笔者所注）

明版本《老乞大》

你自依着我，留一个看房子。

那般着，咱们留谁看房子？

你三个里头，着这老的看着

“三人同行小的苦”，咱们三个去来。

这衚衕窄，牵着马多时过不去，咱们做两遭儿牵。
★★

（重点号★★为笔者所注）

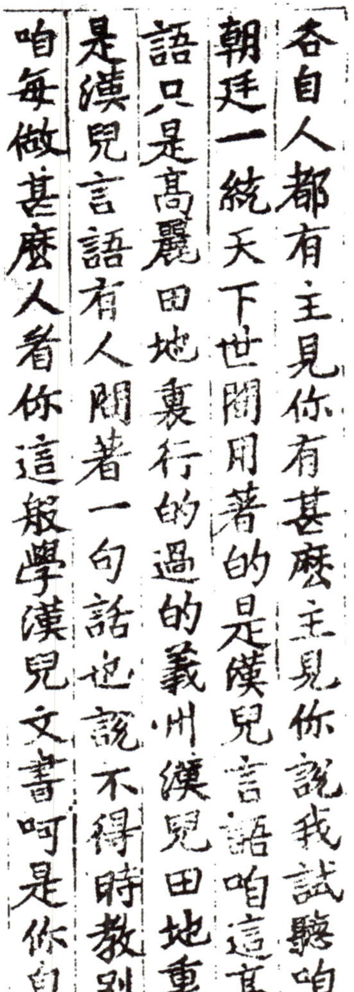
各自人都有主見你有甚麽主見你說我試聽咱如今
朝廷一統天下世間用著的是漢兒言語咱這高麗言
語只是高麗田地裏行的過的義州漢兒田地裏來都
是漢兒言語有人問著一句話也說不得時教別人將
咱每做甚麽人看你這般學漢兒文書呵是你自意裏

原本《老乞大》：
“世间用著的是汉儿言语。”

对照元明两个版本，明显看出“衚衕”的早期写法是“胡洞”，应在元以前几百年即已流传。另外元版与明版的内容虽然基本相同，但在语音上，由“咱每”变为“咱们”、“恁”变为“你”、“著我”变为“着我”、“胡洞”变为“衚衕”。由此，可明显看出不同时期北京语言的变化。

古本《老乞大》还为我们提供了以下的重要史料：

1.《老乞大》中“过的义州，汉儿田地里来，都是汉儿言语”，证实元人用汉语说话，元人语是汉语；

2. 井与胡洞在《老乞大》中同时出现，说明水井和胡同不是同一词素，胡同与水井无关；

3. “这胡洞窄，牵著马多时，过不去”。证明胡同是小巷。

辽代，南京城（在今北京城西南）法源寺僧人行均编撰《龙龛手鉴》，全书收26430个字，比《说文解字》多15914个字。《龙龛手鉴》根据当时流行的写本编辑，收录大量俗体字，是唐代前后俗体字的总汇。台湾著名敦煌学家潘重规先生研究表明，该书对释录宋以前北方普遍使用的汉字和口语俗字，对研究汉字的变迁，特别是释录敦煌学中的文字，具有不可替代的作用。在《龙龛手鉴》中，出现了由“胡”衍生的小巷专用字“衚”。“胡”的本义是牛脖子下的垂肉，与牛身垂直。据朱邦复先生对古文字的研究，胡是会意、形声字，字身咽喉，用在街巷中意为咽喉小巷。

在金代北曲杂剧中，已经出现了由胡同派生出的形容词，如关汉卿《单刀会》“杀出一条血胡同来”；王实甫《歌舞丽春堂》，“更打着军兵簇拥，可兀的似锦胡同”等都出自元朝建立前的金中都旧城。天德三年（1151年），金主海陵王完颜亮下令迁都燕京（今北京西南），派人按北宋汴京（开封）制度增广燕城，遂改名为中都。此时的汴京，

《古韵幽幽》

北京的夏天，在早上九、十点钟太阳照耀下的灰墙黛瓦、绿树红门，是最美丽的，透过半掩的街门，看到的是精美的砖雕影壁墙，尤其房顶上藤萝架那凌乱的影子使画面光影效果达到了近乎虚幻的效果，使人越发感到小院的神秘与幽静。

由于商业和手工业迅速发展，由坊巷制取代了里坊制，重坊轻巷时代得以终结。近年来，对金中都城进行实地考察，其增建地区的坊墙均被拆除，已形成开放型街市。结果表明，金中都的西南部多是平行等距离的胡同，与北宋汴京开放型街道胡同相一致。金中都的东部，现今西城区的北柳巷、南柳巷、魏染胡同、果子巷、米市胡同、丞相胡同等均为当时金中都遗留至今的开放型胡同。

在金元剧本中，也曾有胡同的例证，可惜这些剧本都经过明代作家的加工整理。如在传播元剧方面最为著名的臧懋循（1550—1620 年），在《寄谢在杭书》中就写道："戏取诸杂剧为删抹繁芜，其不合作者，即以己意改之，自谓颇得元人三昧。"所以在明人编辑的元曲本中，胡同大都按明代统一写法写作"衚衕"，从而影响了后人对"俗传"胡洞的了解。尽管如此，我们仍然可以在其中找到未被改动的"胡洞"。如明杨慎在《丹铅总录》记载："今之巷道，名为胡洞，字书不戴。"元代前期作家吴昌龄有《老回回探胡洞》剧目；张可久"胡洞窄，弟兄猜，十朝半旬不上街"。陈德和（《李憨击鹅》）："翻银汉，战玉龙，遍乾坤似粉妆胡洞。"也都写作"胡洞"。洞与民居有着密不可分的关系，北京人管进门的过道叫门洞，古代把室与室之间相通的门户称洞户。《洛阳伽蓝记》称："崇门丰室，连房洞户。"《东京梦华录》载："九月重阳，都下尝（赏）菊，无处无之，酒家皆以菊花缚成洞户。"

明朝学者依据民间俗传的"胡洞"，取用辽代已出现的小巷书面写法"衚"、字身取汉代以来广泛使用的"洞"字音义"同"，定名"衚衕"。从此"衚衕"摆脱了时俗相传时代，正式成为行用街巷通名。清末简写为"胡同"，直至现在。

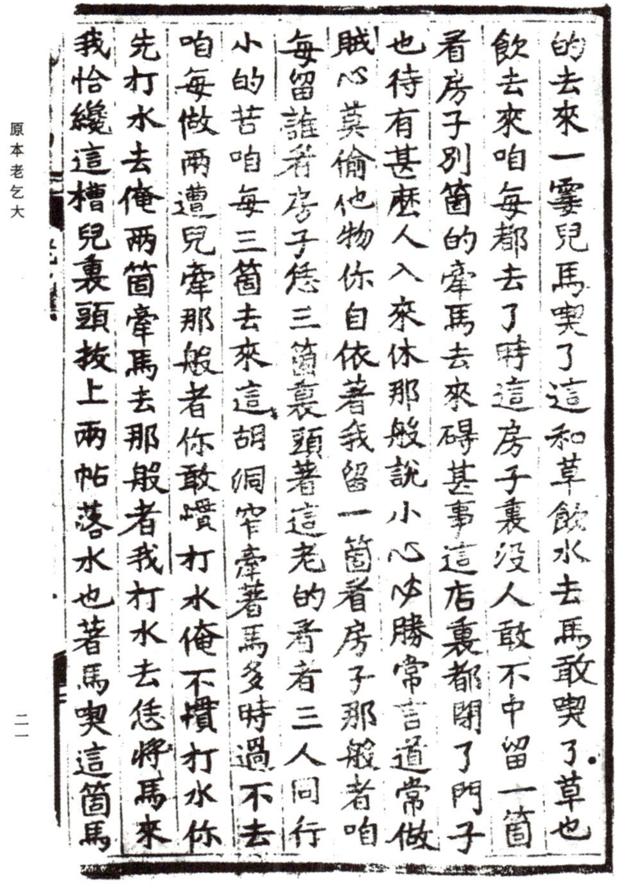

的去來一霎兒馬喫了這和草飲水去馬敢喫了草也
飲去來咱每都去了時這房子裏沒人敢不中留一箇
看房子別箇的牽馬去來碍甚事這店裏都閉了門子
也待有甚麼人入來休那般說小心必勝常言道常做
賊心莫偷他物你自依著我留一箇看房子那般者咱
每留誰看房子恁三箇裏頭著這老的看者三人同行
小的苦咱每三箇去來這胡洞窄牽著馬多時過不去
咱每做兩遭兒牽那般者你敢慣打水俺不慣打水你
先打水去俺兩箇牽馬去那般者我打水去恁將馬來
我恰纔這槽兒裏頭拔上兩帖落水也著馬喫這箇馬

原本老乞大　二一

元版《原本老乞大》中衚衕的前身“胡洞”。

"八种写法"的疑问

对胡同两字的来历，明清各家都明确指出源于"弄"，清朱一新《京师坊巷志稿》中有所辑录，现摘录如下：

杨慎《丹铅总录》："今之巷道，名为胡洞，字书不戴，或作衚衕，又作捂侗，皆无据也。南齐书：萧鸾弑其昭于西弄。"

朱一新：《说文》行部："衕通街也，广韵、玉篇义同，音徒东、徒弄二切。广韵引仓颉作俑，云巷道，今南方呼巷曰弄，北方呼巷曰胡同。"

《盛百二柚堂续笔谈》："汉鲁峻碑，有休神家弄之语。"

《查浦辑闻》云："京师巷称胡同，其义不典，南史东昏侯被弑西弄，即俗所云弄也。元经世大典谓之火弄，恐北音娱仄为平，因呼胡同也。"

明谢肇制《五杂俎卷三・地部》："闽中方言'家中小巷谓之弄'。弄即巷也。《元经世大典》谓之火弄，今京师讹为胡同。"

原本《老乞大》中"胡洞"的发现，让我们清楚地看到，尽管元大都官府对小巷使用了南方街巷行用名"弄堂"，而民间依然使用北方俗传"胡洞"，揭示出"弄堂"与"胡洞"均源于古巷（衖）字的南北两音关系。

让人意想不到的是，原本明清学者用来说明“弄”就是“胡同”的文字，竟会被人当成“胡同”是外来语的凭证。有人把上面明清各家论述中提到的字词集中起来，拼凑出胡同有胡洞、衚衕、胡同、�同、捂侗、衖通、火衖、火弄八种写法，借以推出胡同是蒙语的汉字表音。经笔者将这几种写法分出条目，查对《京师坊巷志稿》原文后发现，其实所谓“八种写法”并不存在：

胡洞　胡同的早期写法，源于汉代的“巷”。

说明：南音为弄堂，北方地区俗称胡同。明《五杂俎》：“弄即巷也。今京师讹为胡同。”《元经世大典》谓之火弄。

衚衕　明代正式定名的胡同写法。

说明：明代按俗语“胡洞”，取用唐辽时在幽州城（今北京城西南）已经出现的咽喉小巷“衚”，洞取汉朝以前对小巷的通称“衕”，写作“衚衕”。

胡同　清末由“衚衕”简化的胡同写法。

说明：胡洞、衚衕、胡同，给出了小巷“胡同”在不同历史时期的不同写法。这三个词都是汉语，与蒙语无关。

衖通　吴语方言“弄”“弄堂”；汉语，不是胡同的写法。

火衖　火弄　衖是吴音弄的古字，火衖与火弄两者间系繁体和简体关系，都不是胡同的写法。

查朱一新《京师坊巷志稿》原文：“谢肇淛《五杂俎》引《元经世大典》，谓之火衖，衚衕即火衖之转。”《查浦辑闻》云：“南史东昏侯被弑西弄，即俗所云衖也。《元经世大典》谓之火弄。”以上所引，“衖通”“火衖”“火弄”均系吴音方言“弄”。为明清学者以“弄”解释胡同语。“弄”与“胡同”是古代巷的南北两音，各有专署，显见以上三词“衖通、火衖、火弄”均不属胡同写法之列。

衚同　捂侗　明人杨慎用以解释胡洞的反切音，他说“皆无据也”，这两个词都不是胡同的写法。

查原文，明杨慎《丹铅总录》：“今之巷道，名为胡洞，字书不戴，或作衚同，又作捂侗，皆无据也。”意思很清楚，这是杨慎在解释胡洞的反切音，“或作衚同，又作捂侗”，可能是这样，又可能是那样，最后答曰“皆无据也”。杨慎说得很清楚，不存在这些说法，这两个也不是胡同的写法。

胡同不存在“八种写法”

编　号	词　例	注　释
1	胡洞	胡同的早期写法
2	衚衕	明代正式定名的胡同写法
3	胡同	清末由“衚衕”简化的胡同写法
4	衖通	吴音“弄”，“弄堂”
5	火衖	吴音“弄”，指火弄
6	火弄	吴音“弄”，火弄
7	衚同	杨慎解释胡洞的反切音。杨慎说：“皆无据也。”
8	捂侗	杨慎解释胡洞的反切音。杨慎说：“皆无据也。”

上表除编号 1 ~ 3 胡洞、衚衕、胡同属不同时期胡同的写法外，编号 4 ~ 8 五项都和胡同的写法没有关系。编号 4 ~ 6 衖通、火衖、火弄是南音弄。编号 7 ~ 8 衚同、捂侗系

杨慎为解释胡洞反切音"皆无据也"。所以说，所谓"胡同有八种写法"其实并不存在。证实胡同是汉语，与"蒙语的汉字表音"毫无关系。

在元明清的文献中，随处可见"井"的文字，但从未见过把"井"写成"胡同"的史料。下面我再把历代有关蒙语井的汉字表音资料列出，明显看出蒙语井的读音，与汉语胡同的发音没有丝毫相似之处。另外，笔者发现，从 1984 年到 1991 年 7 年间，"水井假说"所提供的蒙语井读音各不相同。其中 1984 年"huttag"，用国家标准汉语拼音为糊涂踏歌；1990 年"hudug"，用国家标准汉语拼音为弧度感；1991 年"huddug"，用国家标准汉语拼音为糊答案。仅在 7 年中，"水井假说"对现代蒙语井的汉语拼音竟如此不一致，笔者也颇难揣测个中的原因，只好存疑，请读者明辨。

历代蒙语"水井"的汉字表音

蒙语井的汉字表音	资料来源	出现时间
忽都	元代《至元译语》	1330—1333 年
古都黑	明代初《华夷译语》	1382 年
苦都四	明代《武备志译语》	1594—1640 年
呼都克	清代《满文档案第 75 卷 132 号》	乾隆（1736—1795 年）
huttag（音：糊涂踏歌）	取自"水井假说"	1984 年
hudug（音：弧度感）	取自"水井假说"	1990 年
huddug（音：糊答案）	取自"水井假说"	1991 年

胡同里的北京

北京胡同的历史演进

北京胡同的历史，与中国古代城市管理所执行的『营国制度』和『闾里制度』有关。

北京胡同的历史，与中国古代城市管理所执行的“营国制度”和“闾里制度”有关。按照《考工记》中的“营国制度”，王城每面设城门三座，城内街巷平直，在相对的城门间形成三经三纬的南北、东西九条大道，配以与之平行的南北和东西的次干道，结合顺城的环涂构成棋盘式道路网。在棋盘式道路网内，划分出方方正正的闾里，闾里四周砌有高大的围墙，作为小巷的胡同和居民所住的四合院，便有条不紊地排列在里坊内。我国的闾里制和以后的里坊制，一直从周朝延续到北宋年间，是为“重里轻巷”时期。换言之，所谓“重里轻巷”，就是城市中除了大街以外，城里的小区均由城中之城的里坊管理，对于里坊内的巷，则很少著录于笔端。

在两千多年漫长的历史岁月里，人们经受着封闭的闾里和里坊管理，只识“街”和“里坊”，对“巷”都无重视，地位更低的小巷胡同当然更无人问津了。所以在宋代以前的史书里，很难找到流传于民间的胡同。

宋统一中国后，由于商业与手工业日益发展，城市人口密集，宵禁制度已不适应城市生活的需要。随着宵禁制度的取消，坊墙和坊门逐渐失去了原有的使用功能。于是拆除了里坊的围墙，初步形成新型城市商业网布局，在城市管理中从“里坊制”过渡到开放的“坊巷制”。“坊巷制”只是一种区划，四周不设围墙，以前只有巷能通街的规矩也被打破。那些曾经被坊墙牢牢围困的胡同，不仅可以通到巷和小街，还可以直通大街，成为名副其实被随意通行的道路，从而让俗传胡同的地位得到大大的提升。明代正式把胡同列为街巷胡同通名后，胡同的发展尤为迅速，以至一些巷甚至小街也被人们称作胡同，堂而皇之地登上了街巷舞台。在明《京师五城坊巷衚衕集》中，明北京城设五城36坊，明确标明巷的只有28条，而标明胡同者竟达465条，比巷高出16.6倍。这些横平竖直的胡同，整齐地排列在棋盘式道路网格，恰似血脉一般与井然有序的城市细胞四合院紧密连通，构建了整个北京城的整体布局，至此已无法分辨胡同与巷的区别。满清入关后，拆除了皇城，准诸王居住，到清末时仅在皇城内就增加了69条胡同。致使胡同的级别再次得到提升，成为古都棋盘式街巷中，仅位居大街和小街之下，与巷并列的第三级道路。

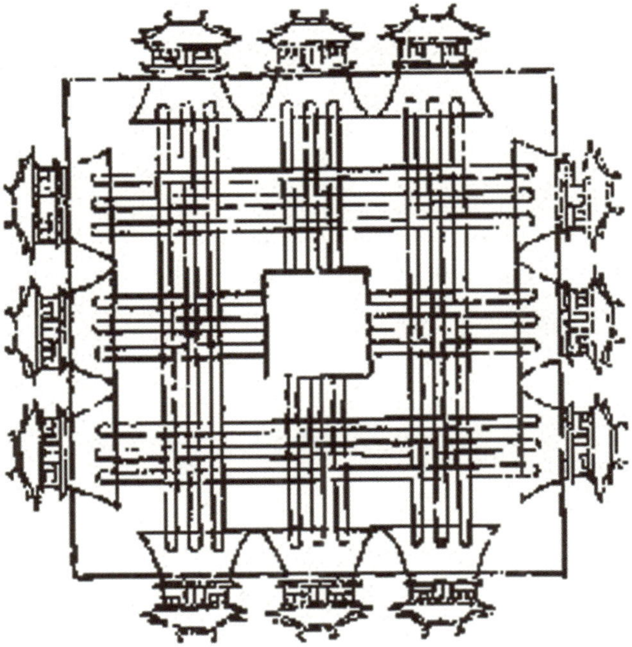

古代王城图

在闾里内的小巷

早在周朝时，我国就对城内居民实行“闾里制”管理办法，居民的基层组织方式以五户为一“比”、五“比”为“闾”，二十五家为一闾，每个闾里将数十百家围在一个矩形的高墙里。闾里高墙恰似城内的第二道城墙，成为城中之城。高墙四面或两面有门，里巷的大门叫里门，门巷修直。闾里设里正管理，早晚定时启闭里门，管理非常严格。闾里内不得开店经商，在城内另置集中的市场，由管理市场的官吏定时开市闭市，闭市后包括商人在内的人都必须离开。城内里巷的门又称闾，闾里的巷子称闾巷，在古书中也代指居民所在的地区、人的聚居处和编制单位。战国时期，屈原在楚怀王手下担任过左徒和“三闾大夫”。屈原是楚武王熊通之子屈瑕的后代，因屈瑕被封于屈邑，其后代以封地为姓，遂称屈氏。楚国的王族支脉中有“昭”“屈”“景”三大族，他们在楚国都城郢都内各有居住区，每个区以所在里门为名，呼“昭闾”“屈闾”和“景闾”，楚国的很多重臣高官都出自此三族，号称“三闾”。“三闾大夫”即管理这三个公族宗族事务的官员。

按照“匠人营国”的等级管理制度，除皇城外，“闾里”分“国宅”和“廛”两部分，王公贵族和朝廷重臣居住的地方叫“国宅”，属高档居住区，一般环绕在宫城左右或宫城前后。平民居住的地方称“廛”，按职业分区居住，工商业者的住处近市，一般居民分处城的四隅，使之不杂，与宫廷、朝廷、市、祖庙、社稷五者间形成强烈的反差。在平民居住的闾里内，住宅按等级沿巷或胡同布置，除地位显赫的官宦宅邸可以面街开门，一般居民出入都须经过里门，接受里坊内的官员管理。由于住在小巷里的居民多为小门小户的城市贫民，无法与住在街面上的高门贵族相比，所以早期的小巷胡同常被称为陋巷、穷巷。《宋书·颜延之传》：“延之少孤贫，居负郭，室巷甚陋。”《梁书·郑绍叔传》：“高祖将临其殡，绍叔宅巷狭陋，不容舆驾，乃止。”《说文解字》：“陋，阸陕也。”今作隘狭。

在漫长的闾里制度下，一闾之内，还有“闾左”“闾右”之分。穷人和平民住在闾门的左边为“闾左”，就是所谓的穷巷胡同里；富豪和有钱人住在里门的右面，高门大户，称“闾右”。《史记·陈涉世家》索引：“闾左谓居闾里之左也。秦时复除者居闾左。今力役凡在闾左者尽发之也。又云，凡居以富强为右，贫弱为左。秦役戍多，富者役尽，兼取贫弱者也。”意思说，过去只有住在闾右的富户才够资格参加兵役，但秦朝战事太多，连闾左的贫苦人也要征派了。秦二世元年（前 209 年）七月，二世胡亥下令“发闾左谪戍渔阳九百人”。让住在闾左的穷人和囚徒去戍边服役，成为陈胜吴广在大泽乡揭竿而起的导火线，爆发了农民起义。

到了北魏年间，闾里制开始向规整的里坊制过渡。《魏书·世宗本纪》“景明二年（501 年）九月丁酉，发畿内夫五万人，筑京师三百二十三坊”，说明此时已改称坊。但隋开皇年间（581—600 年），京都诸坊又改称里。《洛阳伽蓝记》“京师……方三百步为一里，里开四门”，书中记载有“归正里，民间称为吴人坊”“寿丘里，皇宗所居也，民间号为王子坊”“永桥南道东有白象、狮子二坊”。直到唐武德七年（624 年），又下令将邑中之里改称为坊，最后才把里坊制的规模固定下来。里坊制继承了闾里制的管理办法，坊的四周筑有高大的围墙，坊门悬挂刻有教化之意的坊名匾牌，日出开门，日落时敲街鼓 60 下后关闭坊门。坊门派有门吏和士兵管理，一般的老百姓和官吏均不得再进进出出。近年来对隋洛阳城遗址考察表明，城内以四个坊为一组，每坊方一里，极有规律。史载，隋唐时各类城市的规模均按城市的周长和占有的坊数分级。发掘隋洛阳宫、唐大明宫以及唐干陵等遗址结果表明，当时在建设这些城市时，都严格遵守方 100 步（50 丈）的方格为控制网。唐朝时，进一步下发了《营缮令》，对不同等级要员建什么样规模的房屋，使用什么样的装饰，也加强了等级定规。

坊者，防也，由闾里到里坊，使聚居区里的居宅和街巷胡同的尊卑贵贱更加标准化、模式化。对坊的管理体现在对坊门的管理上，而对坊内老百姓的教化，则体现在按教化所取的坊名。把刻有坊名的匾牌悬挂在坊门上，让老百姓随时受到政府的教化，这些坊名往往在规划时就已决定。城内依然实行“坊市分离”的管理办法，居民分坊而居，供商品交换用的“市”（市场）则集中在另一处。居民需要出售、购买、交换日常食用之物要出坊上市。坊内，一概不许开设商肆店铺。

唐长安城是我国里坊制的楷模，总面积超过 84 平方公里，是明北京城的 1.4 倍。经现代考古实测，长安城建筑分宫城、皇城和外郭城三大部分，宫城位于全城北部中心；皇城在宫城之南；外郭城以宫城、皇城、朱雀门街为中心，向东西南三面展开。南北向的朱雀大街宽约 150 米，是全城最宽的街道，也是全城的中轴线和主干道。朱雀大街将全城分成东西两部分，城内东西大街 14 条，南北大街 11 条，采取棋盘式对称布局，把城内分割成排列整齐，结构严密的 109 个里坊和东西两“市”，白居易形容其为“百千家似围棋局，十二街如种菜畦”。宫城和皇城两侧的里坊大致东西宽 955 米，

西安古城墙永宁门夜景

南北长 588 米至 808 米；朱雀门街东西两侧各五组大小不同的里坊，第一列各 9 坊，坊东西宽 514 米，南北长 477 米；第二列各 9 坊，坊东西宽 661 米，南北长 477 米，三至五列里坊东西宽 955 米，南北长 477 米。里坊外围有高大的围墙环绕，坊墙墙基均为夯土版筑，厚度达 2.3 米至 3 米不等。坊四面各开一门，门内开有东西南北十字小街，十字街的宽度均为 15 米。对于十字街，我们并不陌生，武松斗杀西门庆就在十字街上。被十字街分割的四个小区域内，又各有十字巷，把全坊分为 16 个小区，小区内与巷垂直的小巷就是最窄的胡同，一般只有 2 米多宽，有的巷道下还有砖砌的暗排水道。坊内不允许开设店铺，居民分阶级，按职业组织聚居。城内允许交易的场所指定在“市”内进行，东西两“市”各占 2 个坊的面积，“市”和坊一样呈方形，外围有高大的围墙，“市”内有 4 条井字形小街，将整个市划分成 9 个长方形区域。区域内由“肆”或相当的“行”“店”再把同类商品聚集在同一小区内，小区里有宽约 2 米的小胡同便于通行。

唐代为便于收税、派工和管理，规定相同行业的居民住在同一条胡同内，并取名为曲，由此产生了我国最早有文字记载的专名胡同。如靖恭坊有“毡曲”，是造毡作坊的手工业者居住的胡同；颁政坊有“馄饨曲”，是馄饨行居住的胡同。唐程长文作有《狱中书情上使君》诗：妾家本住鄱阳曲，一片贞心比孤竹。长安城内还有专供官员佐酒助兴的官妓，这些妓女按形别品流住在不同的胡同里，《北里志》载：“平康里入北门回三曲，即诸妓所居之聚也。妓中有铮铮者，多在南曲、中曲。其循墙一曲，卑屑妓所居，颇为二曲轻斥之。其南曲、中曲门前通十字街，初登馆阁者，多于此窃游焉。二曲中居者，皆堂宇宽静，各有三数厅事，前后植花卉，或者怪石盆池，左右对设，小堂垂帘，茵榻帷幔之类称是。”唐宋以后，随着经济发展和人口增加，涉及胡同的文字逐渐增多。

里坊制给出了街巷胡同的明确定义，城内对城门而开的东西和南北向主干道是大街，在街巷中地位最高。由主干道分割出的里坊内，最宽的是十字形的小街，小街属第二级街巷。坊内又被十字小街隔开四个小区，区里的主道称巷，巷与小街垂直，其规制低于小街隶属第三级。称曲的胡同则与巷垂直，是比巷还窄的小通道，在街巷中等级地位最低。

《豪门隐幽巷》

北京的胡同不光是普通百姓的民宅，不经意间或许发现还隐藏着一户豪门巨富的居所，只是常年大门紧闭。大门的旁边是车库的入口，豪宅的主人似乎永远是个谜，让人越发感到几分神秘。

唐幽州城的里坊

北京地区古称幽陵、幽都、幽州，最早的城邑是位在北京西南部的蓟城，春秋时为燕国地。1957 年，在广安门以南 700 米处，发现战国和战国以前的宫城遗址。在尚未见底、厚达一米以上的古文化层中，出土燕宫城所用饕餮纹半瓦当和接近西周的器物，为周初蓟宫城营建地。1973 年和 1974 年先后在宣武区法源寺附近及其西南部的地图出版社院内发现两处战国墓葬群。而且，在永定门火车站、陶然亭、天坛、蒲黄榆等地也相继发现很多战国至汉代的小型墓葬。考古学者据此推测，东周至汉代的蓟城南垣可能在现今北京以北一线。秦王政二十一年（前 226 年）灭燕，以为广阳郡。汉高帝封卢绾为燕王，更名燕国。王莽改曰广有，县曰伐戎。两汉、魏、晋、唐至辽代都曾设置过幽州，蓟城一直是幽州的治所。唐玄宗开元十八年（730 年），分割幽州东部的渔阳、玉田、三河等三县另置蓟州，治所在今天津蓟县，后世蓟的名称逐渐用来专指现在天津市的蓟县地区，原幽州蓟城则称幽州城，一般不再专称蓟。在北京城的发展史中，战国、汉魏时的蓟城，唐代的幽州城，都起到了承上启下的作用。

唐幽州城周三十二唐里，今合约 24 华里。《元和郡县志・补志》载："幽州城（在今北京西南）南北九里，东西七里，开十门。"是座南北略长、东西略窄的二级城市。

自东汉魏晋至金中都扩建前九百多年间，蓟城除修缮外一直沿用旧址，无太大变化。结合蓟城的史料和考古调查，幽州南城墙在今北京陶然亭西姚家井以北，白纸坊东西街一线；东城墙在今北京西城区菜市口一带。菜市口偏西路南有烂缦胡同，旧称烂面胡同。清赵吉士《寄园寄所寄》："京师二月淘沟，秽气触人，烂面胡同尤甚，深广各二丈，开时不通车马。此地在悯忠寺（今北京法源寺）东，唐碑称寺在燕城东南隅，疑为幽州节度使城之故壕也。"朱一新《京师坊巷志稿》："此地有唐时故壕，说宜近是。"烂缦胡同以西即唐悯忠寺，今名法源寺。《日下旧闻考》载唐景福元年（892 年）《重藏舍利记》："大燕城内，地东南隅，有悯忠寺，门临康衢。"可知东汉至唐幽州的东垣，在今烂缦胡同和法源寺之间的南北一线。

幽州城的西南有府衙，又称子城。府衙即旧宫城，是在春秋时燕王宫殿的基础上建造的，后来成为幽州节度使府第。宫城内南部有朝殿，北部为寝宫、允和殿和昭庆殿，隋炀帝长孙燕王杨倓曾住此处。入唐后，相继设刺史府、都督府和节度使府。幽州城每面设两门，加上子城东门和子城北门，总计十门。子城南门即幽州城南垣西侧城门，子城西门即幽州城西垣南侧城门。城内道路横平竖直呈棋盘式网格状分布，主干道有东西和南北向各两条，设小街巷与坊相通。依古代诸侯城制度，幽州城比王城要低一个等级。

按照古代城市的管理制度，幽州城内的行政组织为里坊。坊与坊之间，通过街或小街相连，坊内有小巷胡同相通。城内各坊间设门相隔，早开晚闭，与城门开关时间相同。夜晚行走叫"犯夜"，杖责 20 板。如翻越坊门，杖责 70 板。全年只有正月十五观灯开放坊门一夜，后改为三日，这三日"金吾驰禁，特许夜行"。唐幽州城的三日观灯制度，一直沿用至辽金时。宋人路振曾在大中祥符元年（1008 年）到过辽南京，记录有唐幽州城的三个旧坊名。路振在《乘轺录》里说，燕京"城内凡二十六坊，坊有门楼，大署其额，有罽宾、肃慎、卢龙等坊，并唐时旧名”。唐幽州城旧有二十六坊，与路振所记坊数相同。坊的规格与唐长安城相似，里坊内的小巷胡同一般只有两米多宽。辽南京城建立在唐幽州城的基础上，只在城内增加了一些宫殿建筑，城址并没有多少变化。根据唐、辽墓志等资料记载，辽南京城内的二十六坊，很多都延续唐幽州城的坊名。有些坊名，甚至到金元时仍在使用。幽州城北有市，城内居民约一万余户、六万余人。

据《旧唐书·地理志》记载，幽州城内分幽都县和蓟县两个辖区，“幽都县管郭下西界，与蓟分理”。唐代属幽都县管辖的有：辽西坊、通阛坊、劝利坊、时和里（坊）、遵化坊、平朔坊、归化里（坊）、来远坊等，皆在幽州城西部；属蓟县管辖的有：蓟北坊、燕都坊、军都坊、铜马坊、开阳坊、归仁里（坊）、敬客坊、东通里（坊）、通肆坊、宁里（坊）、蓟宁坊、玉田坊、析津坊等，皆在幽州城东部。其中蓟（罽）宾、卢龙、铜马、蓟北、开阳、时和、敬客、蓟宁、玉田等，一直延续使用到辽南京和金中都。据考证，蓟北坊在今北京广安门内范家胡同一带；与它相邻的敬客坊，相当于今广内大街和牛街十字路口东南一带；时和坊在今广安门大街北善果寺一带；开阳坊在今右安门内南樱桃园一带；析津坊与开阳坊相距不远或相邻；燕都坊在今北京广安门内南线阁一带。

罗振玉在《京畿冢墓遗文》中，载有《唐故中山郡郎氏夫人墓志铭》云：“夫人享年七十有三，大中元年（847年）十一月而遘疾焉，十二月十日，终于铜马坊之私弟。”350年，慕容皝之子慕容儁攻占蓟城，把蓟城作为前燕的都城。北魏郦道元《水经注·漯水篇》载，蓟城宫城“东掖门下，昔慕容儁立铜马像处。昔慕容皝有骏马赭白，有奇逸力。至儁光寿元年，齿十四年矣，面骏逸不亏。儁奇之，比鲍氏骢，命铸铜以图其像。亲为名赞。镌颂其奇，像成而马死焉”。这段历史叙述前燕的慕容儁建都蓟城称帝，在宫城东掖门下，为其父慕容皝的坐骑“赭白”立铜像，像成马死。以后东掖门也被称为铜马门，并成为唐幽州城内的铜马坊名。《元一统志》里说：“铜马门在旧城东南隅，昔慕容儁铸铜马置之东掖门，后人因名铜马门为坊。”铜马坊经唐辽一直延续到金中都城铜马坊，宫城的东掖门指幽州城内的罗城之门，在今北京西砖胡同南口处。

幽州商市繁荣，城内庙宇寺观众多，宝集寺、仙露寺、归义寺、悯忠寺、善化寺、智泉寺、天王寺、崇效寺、圣寿寺、天长观、大悲阁、石幢等在各个坊之间星罗棋布。唐代的大诗人李白、杜甫等都曾到过幽州，并留下大量脍炙人口的诗句。唐太宗贞观十九年(645年),李世民东征高丽后班师回朝,在幽州城东南修建纪念阵亡将士的悯忠寺,即今法源寺前身，至今留有唐《无垢净光宝塔颂》《悯忠寺藏舍利记》《承进为麁福禅师造陀罗尼经幢》，辽《燕京大悯忠寺菩萨地宫舍利函记》等石刻、经幢珍品。殿外山墙嵌有清代翁方纲复制的唐“云麾将军碑”残柱基，另有《法源八咏》及《心经》等碑刻，是研究佛学和法源寺历史的重要资料。

城北是市肆区，贸易交换集中在“市”里进行，称“幽州北市”。《新唐书·五行志》：“大顺二年（891年）六月乙酉，幽州市楼灾，延及数百步。”可见商业的繁荣情况。唐代仅在房山云居寺石经题记中就记载了幽州的三十多个行业，这些行业分工很细，有米行、白米行、粳米行、屠行、肉行、染行、油行、布行、五熟行、果子行、椒笋行、炭行、生铁行、磨行、绢行、小绢行、大绢行、彩绢行、锦行、丝织行、幞头行、靴行、杂货行、新货行等，行内不仅有店铺，还有手工业作坊。根据对房山石经社邑的统计，其中按照行业组成的社邑达四十四个，经营着食物、金属用具、日用品、纺织品、燃料品的交易，几乎囊括居民生活的各个方面。丝织手工业相当发达，范阳绫就是幽州的名牌产品。此外这里还设立了“胡市”，大批的“胡商”来这里与各族民众平等交易。

北京法源寺位于北京宣武门外教子胡同南端东侧，是北京城内历史悠久的古刹。

南方大量的稻米、茶叶、布帛也通过陆路、运河、海运源源不断地运到幽州，成为唐代北方最为重要的商贸中心。统治者为便于摊派税务徭役和行业管理，把手工业作坊按专业聚集，安排住在坊内的同一条胡同里。行业作坊与人民生活密切相关，自然而然成为胡同专名，并在老百姓口中流传。韩愈《师说》：“巫医乐师百工之人，君子不齿。”用现代话解释，巫师、医生、乐师以及各种手工匠，士大夫之族是不屑与他们并列的。到了唐代，尽管坊的面积比以前大了，有些街巷也加宽了，但曾被里坊封闭和限制的巷与胡同，仍然是士大夫之族不齿的五行八作居住之地。明代张爵在编写《京师五城坊巷衚衕集》时，称“遇时俗相传京师衚衕，亦书之”，即指此。

《大红灯笼高高挂》

北京的深秋，走过胡同，经常见到落尽叶子的柿子树上，红橙橙柿子挂满枝头，犹如火红的灯笼，煞是好看，不禁使人联想到张艺谋的大片《大红灯笼高高挂》。北京人爱鸟，这些人家并不急于采摘柿树的果实，为的是让随时光顾的喜鹊饱餐一顿，人鸟和谐相处。

辽碑刊刻街巷名

北宋中叶以后，城市管理从“里坊制”过渡到开放的“坊巷制”。随着里坊围墙的取消，更多的巷和胡同有了自己的名号。孟元老所著《东京梦华录》，记录了不少宋徽宗崇宁到宣和年间（1102—1125 年）宋都东京府（今开封）巷的名称。如寺东门大街“绣巷皆师姑绣作居住”，“北即小甜水巷，巷内南食店甚盛，妓馆亦多”，“又向北曲东李务街、高头街、姜行后巷，乃脂皮画曲妓馆。南北讲堂巷、孙殿丞药铺、靴店”。向东，“街北曰车略院，南曰第二甜水巷”。“南往观音院，乃第一条甜水巷也。”这些巷的地点、方位、专名、通名俱全，与此前只记坊名的“重里轻巷”时代大相径庭。难能可贵的是，几乎与此同时，北京房山石经题记中也出现了辽燕京城内开放型巷的名称。

房山云居寺石刻佛教大藏经（简称房山石经），始于隋大业年间，僧人静琬法师创刻。静琬在唐贞观二年（628 年）题刻中说：“静琬为护正法，就此山顶刊《华严经》等一十二部。”云居寺碑文载：“静琬虽成其志，未满其愿，以贞观十三年奄化归真，门人道公继焉。道公没后仪公继焉，仪公没后暹公继焉，暹公没后法公继焉。自琬至法，凡五代焉，不绝其志。”刻经事业历经隋、唐、辽、金、元、明六个朝代，绵延 1039 年，镌刻佛经 1122 部、3572 卷，近一万五千块石板。是研究我国古代文化、艺术，特别是佛教历史和典籍的重要文物，也是世界上最巨大的文物宝藏之一。在周恩来总理的关怀下，1956年至1958年间，中国佛教协会有关工作人员打开藏经洞和寺内压经塔下的地穴，将石经全部拓印，对云居寺和石经山藏经洞进行了系统科学的发掘整理，1987年由中华书局出版《房山石经题记汇编》。1999年将这些石经重新放归原埋藏处的压经塔下地穴中封藏，也了却静琬当年刻经时“此经为未来佛法难时拟充经本，世若有经，愿勿辄开”的意愿。

907年，朱温灭唐称帝，国号梁，史称后梁，五代时期自此正式开始。938年，石敬瑭认契丹主为父建立后晋，按约定将包括房山在内的燕云十六州献给契丹。燕云十六州被割让以后，契丹国改名大辽，升幽州为南京。契丹人也开始从单纯的游牧民族，向游牧与农耕相交过渡。辽建国后，大力吸取中原汉族文化，佛教也在鼓励之列，对刻石经尤为热衷。辽代房山石经的续造，始于圣宗，其后兴宗、道宗继之，至天祚帝时尚维持不断。穆宗应历年间，在寺主谦讽的倡导下结千人邑会，“结一千人之社，合一千人之心，无贫富后先，贵贱老少，施有定例，纳有长期”，筹集经费，大修云居寺。明周忱《游小西天记》载：“至辽统和及金明昌之际，有沙门留公、顺公亦增刻之”，今石经洞外拓片有辽统和十三年（995年）题记的《般若心经》残片四块。清宁四年（1058年）赵遵仁《续镌成四大部经记》曰：“我圣宗皇帝，锐志武功，留心释典，既闻来奏，深快宸衷。乃委故瑜伽大师法讳可元提点镌修……迨及我兴宗皇帝之绍位也，常念经碑数广，匠役程遥，借檀施则岁久难为，费常住则力乏焉办。重熙七年，于是出御府钱，委官吏贮之，岁析轻利，俾供书经镌碑之价，仍委郡牧相承提点。”天庆八年（1118年）志才《续秘藏石经塔记》中也记有：“至大辽留公法师奏闻圣宗皇帝，赐普度坛利钱，续而又造。次兴宗皇帝，赐钱又造。相国杨公遵勖、梁公颖奏闻道宗皇帝，赐钱造经四十七帙，通前上石，共计一百八十七帙。”

金代刻造石经开始于天会十年（1132 年），是继续辽代的经帙而进行的。在《房山石经题记汇编》诸经题记的辽金部分，收录辽代和金天眷三年（1140 年）以后，自皇统元年至九年（1141—1149 年）间镌刻佛经的题记，早于天德三年（1151 年）海陵王扩建燕京城以前。题记中刻有：

> 大辽燕京右北西罗内住文林郎试太子正字武骑卫刘……
>
> 燕京左街延洪寺紫衣义学首座三纲大众沙门守干等……
>
> 施主燕京山北居北巷刘师言……
>
> 施主齐相公巷庞娘娘……
>
> 施主燕京石幢东街北俗传弟子杨省善……
>
> 施主大花巷贾世佑妻……
>
> 施主化度寺街井儿巷俗弟子刘善英……
>
> 施主在京老君巷许荣……

在题记中明确刻有北西罗内、燕京左街、石幢东街、山北居北巷、齐相公巷、大花巷、化度寺街、井儿巷、老君巷等街巷胡同名称，与其他如“施主燕京南卢龙坊住人刘郭氏……”“施主潭州街敬客坊樊刘氏……”等只记坊名者并列或混在一起。可知在 1151 年扩建燕京城前，有些里坊的坊墙已被拆掉，巷和胡同不仅从被封闭在坊内解放出来，还有了具体的专名，俨然打起自己的旗号屹立于城市之中。可惜由于时代久远，尚无法查清每条胡同的具体位置。所幸“施主在京老君巷许荣……”这条题记，有地名“老君”

老君地在牛街西南，枣林前街北。枣林前街原名枣林街，是唐幽州城子城东门和辽南京东宫门外宣和门通往南横街的重要通道。

地可查，尤为珍贵。

老君地在牛街西南，枣林前街北。枣林前街原名枣林街，是唐幽州城子城东门和辽南京东宫门外宣和门通往南横街的重要通道。金中都皇宫东门名东华门，与皇城东门宣华门直通枣林街，宣华门内有东园，是以花卉、柳树和辽时果园为主的园林，地在今南线阁西侧。金朝皇帝与太子诸王等经常到东苑游玩，春赏牡丹、冬品菊花，五月射柳。唐代，幽州卢龙节度使刘济在枣林街南舍宅建崇孝寺，历经唐、宋、元，该寺香火不断。唐德宗建中二年（781 年），划幽州城内由幽都、蓟县二县分治。幽都县管郭下西界，蓟县管东界。辽改幽都县为宛平县，蓟北县为析津县，又以沙门高师设僧录一职，分管南京东西两县寺院。凡东部析津县内寺院归左街僧录管理，西部宛平县寺院归右街僧录管理。《全辽文》卷八《慧峰寺供塔记》：“法师讳从杰，燕京崇孝寺左街僧录通文理大师之门人也。”由崇孝寺的文理大师任管理全县寺院的左街僧录一职，可见当时该佛寺的地位之高。公元 1341 年，元顺帝登基，命重建该寺赐名崇效。公元 1522 年，明朝世宗嘉靖登基，内官监太监袁福与高僧了空和尚同心修葺崇效寺，主要建筑有山门、天王殿、大雄宝殿和后殿等。嘉靖三十年（1551 年），内官监太监李朗捐钱，在寺院中央增建藏经阁。《析津日记》载：“嘉靖辛亥（1551 年）掌丁字库内官监太监李朗于崇效寺中央建藏经阁，阁东北有台，台后有僧塔三，环植枣树千株。”明张爵《京师五城坊巷衚衕集》记该地街名“枣林儿”。清代，以阁北的成片枣林，亦称崇效寺为枣花寺。朱一新《京师坊巷志稿》载：“枣林街，东距牛街半里许，井三。西有三官庙，井五。”其南为东西向白纸坊西街，中华人民共和国成立后建有中国地图出版社。民国初年，枣林街改称枣林前街，以南侧街道称枣林后街。

枣林街东北有枣林斜街通向牛街，斜街长 302 米，均宽 4.1 米，东段旧称甄家胡同，中部北与枣林北里、南和枣林夹道相通，为牛街向西南至崇效寺山门的捷径；迤西至今南北向白广路处均称老君地，老君地地势较高，北接南王子坟，斜街中段建有老君地小学，1965年整顿街巷名称改名枣林北里，2000年建设西里小区时拆除。《京师坊巷志稿》牛街条下："其西南隙地，荒冢外多蔬圃。少东曰三间房，井一。曰大明园，井五。迤西曰老君地，井一。其北有峩眉禅林，康熙初建。西南曰道士观，元之长生观也，井四。曰道士坟，明之官园也。"房山石经题记中金皇统年间老君巷一名，当在老君地周围，或许即枣林斜街的前身。

如是，则山北居北巷、齐相公巷、大花巷、井儿巷、老君巷等，是北京城最早有专名有文字记载的巷和胡同了。

《家有大树好乘凉》

北京的市树是国槐，桧柏，而北京四合院，大杂院里的大树，以石榴、枣树、柿子、杨树、椿树、槐树等落叶树木居多，夏可遮阴，冬可挡风，一棵古树就是一个大院的保护伞。

金朝高唱锦胡同

天德元年（公元 1149 年）金主海陵王完颜亮命左相张浩等遣画工写汴京宫室制度、提点设计缮修，“役民八十万，兵夫四十万”，按北宋汴京（开封）制度增广燕城，遂改名为中都。中都城的兴建，是在唐幽州城和辽南京城的基础上，向东、西、南三面扩展而成。工程分城池扩建和兴建宫殿两大部分，城池占地面积 20 多公里，比唐幽州城扩大约 1.5 倍。其北城垣基本未动，城的东北角在宣武门内翠花街，西北角在军事博物馆以南的黄亭子，西南角在丰台区凤凰咀村，东南角在今永定门火车站西南的四路通。设城门 13 座，东、西、南各 3 个，北面 4 个。街、巷、胡同以东西、南北走向为主，呈棋盘状分布。宫城在全城中央的南部，周 9 里 30 步，全部按北宋汴京（今开封）皇宫规制构筑。“其宫阙壮丽”“虽秦阿房，汉建章不过如是”。

海陵王营建金中都城，已是南宋高宗绍兴二十一年（1151 年）。早在北宋中叶，鉴于商业和经济发展的需求，开封等诸大城市封闭式里坊制度已经彻底崩溃。据干道《临安志》、淳祐《安志》、咸淳《临安志》等记载，南宋杭城御街两侧已设置 66 个开放坊巷。朱长文《吴郡图经续记》称神宗熙宁七年（1074 年）的吴郡已是“近者坊市之名，多失标榜，民不复称”，可见封闭的里坊制度在建设金中都前久已不存。金中都城既然仿照北宋东京制度营建，自然不再保持旧的里坊制度，而改成没有坊墙的开放型坊巷，市坊杂处。特别在新扩展的城区，完全按北宋汴梁（开封）新的开放式街巷规划建设，犹如《清明上河图》所绘，居民区与市场不再有严格界限。传世名作《清明上河图》，以高大的城楼为中心，街巷两侧茶坊、脚店、肉铺、庙宇、公廨、商店以至修面整容，大车修理、医药门诊、看相算命、各行各业应有尽有，街巷小儿、士农工商、三教九流、酒肆商店、无所不备。图作者张择端，宋徽宗赵佶时供职于翰林图画院，画成后呈献给宋徽宗（1101—1124年在位）。1126年汴京陷落，《清明上河图》和宫中所有名贵文物均被金人掠去，二十多年后金主扩建燕京，让北京城展现了上河图中开放型胡同的风貌。

中都城内划分为62坊巷，坊内街巷胡同以东西、南北走向为主，呈棋盘状分布。在西南、西北部有西开阳坊、南开远坊、北开远坊、清平坊、美俗坊、广源坊、广乐坊、西曲河坊、宜中坊、南永平坊等42坊；东南、东北部有东开阳坊、东曲河坊、北蓟宁坊、啄木坊、康乐坊、齐礼坊、为美坊、南卢龙坊、北卢龙坊、安仁坊、铁牛坊、敬客坊、南春台坊、北春台坊、仙露坊等20坊。其中仙露坊、显忠坊、蓟（罽）宾坊、开阳坊、铜马坊、棠阴坊、玉田坊、卢龙坊、时和坊、齐礼坊等均为唐、辽时旧坊名。今北京广安门外天宁寺，金代为天王寺，属延庆坊。根据于杰、于光度先生《金中都》和赵其昌先生《金中都城坊考》的研究，会仙坊，在今西便门大街东、皈依寺北，与棠阴坊、时和坊相接。奉先坊，在今白云观南、天宁寺北，金中都城通玄门（正北门）内西侧。东甘泉坊、西甘泉坊，在今天宁寺以南，北接延庆坊。宜中坊，在元代长春宫（今白云观西100米）以西一里，今西客站小马厂一带。北开远坊，在今广安门内善果寺以东。北春台坊，在金中都东北隅，今西便门内南闹市口以西。南春台坊，西北与东开阳坊相接，在今陶然亭北、窑台以西处。广阳坊，在金中都丰宜门（正南门）内，今右安门外西部菜户营一带。富义坊，东邻广阳坊，在今右安门外孟家桥之西。这些坊巷只作为行政管理区划，四周已经没有坊墙，至此“里坊制”在北京正式被“坊巷制”取代，宣告“重里轻巷”时期彻底终结，让巷和小巷胡同的地位得到提升。

近年来，对金中都考古勘察发现，金中都城的西、南、东三面扩建部分，完全采用开放式的坊巷制。钻探结果表明，金中都城西南部，原是辽南京城外的农田，这里的东西方向街道大多是一些平行的等距离的胡同，与北宋汴京的街道胡同相一致，可能仿照汴京布局。另外，仍保留至今的西城区故金中都城东部，即宣武门外大街及其东部的一些南北方向的胡同，现在的北柳巷、南柳巷、魏染胡同、果子巷、米市胡同、丞相胡同等，均为当时金中都遗留至今的街巷。这些平行的胡同都是以城市的主干道为轴线，在两旁排列的。《金史·海陵王纪》载：“贞元元年（1153 年）五月乙卯，以京城隙地赐朝官及卫士。七月戊子朔，原赐朝官京城隙地，征钱有差。”这是海陵王刚到中都数月后之事。中都城营建后，虽然宫室已就，城垣已立，但新圈进城内的空地还未利用，故海陵王将宅地分赐给随朝大小职官和护卫军士。新建的住宅、商铺当在城西、南、东三面发现的平行胡同中。北京的胡同终于从被封闭在里坊墙内解脱出来，胡同的长度也突破了里坊的限制，可以直接与周围的街巷连通。《正字通》中记载“锋之曲而旁出者曰胡”，在汉语里胡表示随意，同是小巷，胡同就是可以随意通行的小巷子。历经几千年封闭式里坊的束缚，到了宋金以后，胡同一名已在我国北方尤其是北曲杂剧中广泛使用。

中都是金朝首都，贵族官宦簇居，商贾四至。秦楼榭馆少不了挟娼冶游，勾栏瓦舍自多歌唱演出。原中都东南的东开阳坊东和城北檀州街（相当今广安门内外大街）、西边大悲阁、东边柴市（约今菜市口）一直是商业中心，经常有各种演出，使燕京成为金杂剧的发展中心。胡同这一金时已经存在的北方小巷称谓，也在早期的北曲杂剧中得到

果子巷位于骡马市大街南侧，
南北走向，曾繁华一时。

流传，如关汉卿《单刀会》“杀出一条血胡同来”；王实甫《歌舞丽春堂》“更打着军兵簇拥，可兀的似锦胡同”等都出于元朝建立前的金中都旧城。

金中都城是北曲杂剧的发祥地。北曲杂剧，是用北曲演唱的戏曲形式，被明人称作“元曲”或元杂剧，其形成时间在金章宗时期。元陶宗仪《南村辍耕录》：“稗官废而传奇作，传奇作而戏曲继。金季国初，乐府犹宋词之流，传奇犹宋戏曲之变，世传谓之杂剧。”王国维在《金元戏曲史》中把北曲分为三个时期。第一时期，自金代末年到元代至元十三年（1276年）灭宋，统一全国之初。王国维说“此三期以第一期之作者为最盛，其著作存者亦多，元剧之杰作大抵在此期中”。这一时期不仅作家人数最多，流传下来的作品也最多，是元杂剧发展的黄金时期。其作家大多是北方人，主要集中在黄河流域的金中都旧城（北京）、真定（河北正定）、东平（山东东平）、平阳（山西临汾）以及开封与洛阳一带，著名作家有关汉卿、王实甫、马致远、白朴、李直夫、李好古、郑廷玉、孟汉卿等。他们活动的中心在北方，演出地点主要在今北京广安门内外大街一带。

关汉卿，金中都人，一说是解州（今山西解县）或祁州（今河北安县）人。大约生于金宣宗贞祐、元光之间（1213—1222年），卒于元成宗大德年间（1297—1307年）。他父亲曾在金太医院做医官，关汉卿随父在金中都定居。元钟嗣成《录鬼簿》把他列为“前辈已死名公才人”众作家之首。杨维桢《宫词》称他为“大金优谏”，其创作最早在金元之交。王国维考证说，关汉卿的《单刀会》，创作在金天兴与元中统二三十年间（1232—1260年）。1958年，北京举行关汉卿戏曲创作700周年纪念，确定关汉卿的创作盛旺岁月为1258年。时在1271年忽必烈正式建国号“大元”前13年，在建成大都新城和元灭宋（1276年）前18年。

王实甫，金中都人，他和关汉卿都是由金入元的大家。《录鬼簿》列为“前辈已死名公才人”而位于关汉卿之后，据此推断他大约与关汉卿同时或稍后于他。其所作《四大王歌舞丽春堂》又名《丽春堂》，金代右丞相完颜乐善御园射柳时，赢了右副统军使李圭，次日在香山怒打李圭，被贬济南。后因草寇作乱，被皇帝召回，皇帝让他在家中丽春堂设庆喜筵席，复官赐赏，李圭负荆请罪，二人终于和好如初。该剧所写均为金朝事，金代色彩很浓。演出端午节金主召群臣射柳亦辽、金风俗。次日于香山设宴，“山势崔巍，倚晴岚数层金碧，照皇都一片琉璃”。也和金世宗、章宗于香山建行宫、佛寺相符。最后的“太平令”：“歌〔金缕〕清音嘹亮，品鸾箫余韵悠扬。大筵会公卿宰相，早先声把烟尘扫荡。从今后四方，八荒，万邦，齐仰贺当今皇上。”以颂扬金朝皇帝作结尾，此剧被认为作于金代。

蒙古国初建的时候，尚不知礼乐的重要。太宗十年（1238 年），孔子 51 代孙衍圣公元措朝见太宗，对太宗说：“今礼乐散失。燕京、南京等处，亡金太常故臣及礼册、乐器多存者，乞降旨收录。”第二年，元措奉旨来到燕京（原金中都旧城），一下子就找到包括金掌乐许政、掌礼王节及乐工翟刚等 92 人。元朝建立和元灭南宋以后，杂剧创作和演出中心南下到了杭州，包括关汉卿也去了杭州和扬州。有关元朝建立后，乐户南逃的情况，元史也有记载，至元十三年（1276 年），“乐户多逃亡，仅得四十有二，复征用东平乐工”。

另据《京师五城坊巷衚衕集》，在金中都城范围内，历经蒙古军入侵、元朝建立，到明朝时还遗留的胡同有二十多条。位在广安门大街南有牛肉胡同、教子胡同、干面胡同、羊肉胡同、纸房胡同；位在菜市口大街南有轿子胡同、棺材尚家胡同、烂面胡同、砖儿胡同；位在骡马市大街北有骗马张胡同、马官人胡同、北草场胡同、麻线胡同、魏染胡同、孔砂锅胡同；位在骡马市大街南有米市口，绳匠胡同、羊肉胡同、贾哥胡同、包头张家胡同等，与近年的考古结果基本一致。

《柳巷深深》

因为一提到柳巷就有禁忌之意，所以在北京胡同成排栽种柳树的少见，此巷柳树也只是从墙内探出了柳枝，为呆板的胡同带来一片生机，胡同尽头的人家想必是既享受了柳荫带来的凉意，也避讳了人们对柳巷的猜忌。

大都新城独尊火巷

金贞祐三年（1215年），蒙古骑兵攻占金中都，改中都为燕京，由燕京留守兼行省长官札鲁忽赤即断事官治理。1234年，以燕京为治所设中州断事官主治汉民，汉人称之为燕京行尚书省。蒙古人占领中都以后的60年里，中都城仍依金制，为62坊，除豪华的皇宫被焚烧殆尽外，城墙大部分还在。明初刘崧诗“南城土垣故不塌”。城内的街巷胡同、衙门、商铺、佛寺道观基本没什么变化。

中统元年（1260年）成吉思汗之孙忽必烈继承汗位，遂定都燕京。至元元年（1264年）又改燕京为中都。1267年（至元四年）迁都中都，开始在中都城东北部修建新城。至元八年（1271年）正式建国号为“大元”。至元九年（1272年）改中都为大都，并定为元朝的京都。元大都新城的营建，遵用汉法，其街制和城市规划，完全继承金中都的基本格局。1274年正月宫阙告成，忽必烈始御正殿。至元二十二年（1285年）建成大都新城。大都新城建成后，元大都的范围包括南北两城，一个是原大都城（金中都城），称旧城或南城；一个是在中都城东北的新城，新旧二城的民事仍由左、右警巡院统一管理。成宗大德九年（1305年），又置大都南警巡院，以治都城之南。元朝建立后南城人口一直稳定在40万人以上。元代为防盗，每百户内取中户一名充巡军弓手。据

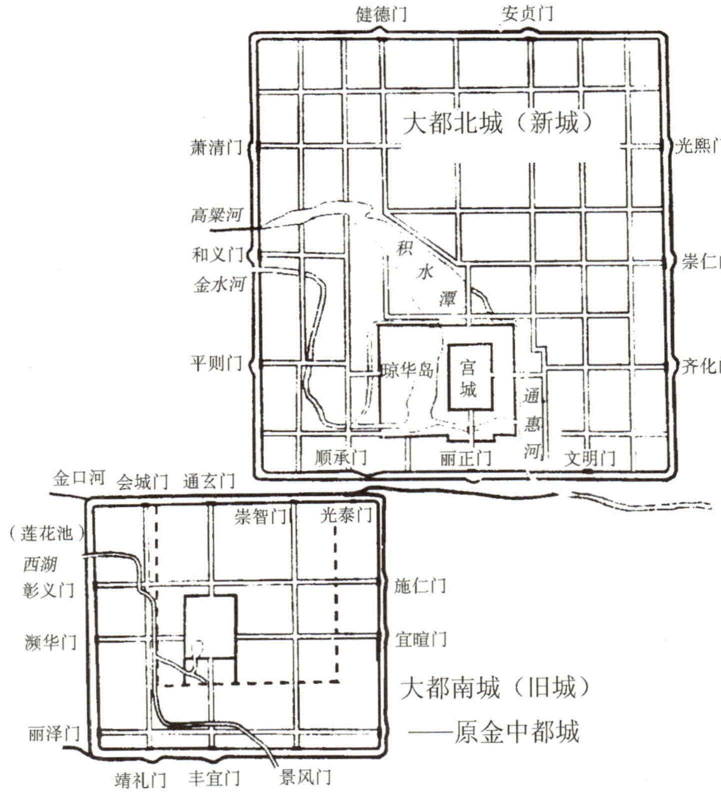

元大都的南北两城

元大都，简称大都，是元朝的首都。有新城和旧城，并称为“南北二城”。

《元史·兵制》，至元八年（1271 年）南城共置巡军弓手 1195 名，计 11.95 万户；至元十八年（1281 年）南城置巡军弓手 1400 名，计 14 万户；至正九年（1349 年）定制，大都南、北二城均置巡军弓手一千人，是为南北两城各 10 万户，40 万人。

元大都北城的街道，规划整齐，经纬分明，相对的城门之间一般都有大道相通。《马可·波罗游记》记载："全城的设计都用直线规划。大体上，所有街道全是笔直走向，直达城根。一个人若登城站在城门上，朝正前方远望，便可看见对面城墙的城门。城内公共街道两侧，有各种各样的商店和货摊……整个城市按四方形布置，如同一块棋盘。"虽然大都城南面三门、北面二门，但从丽正门北穿皇城正中的崇天门及大明门、大明殿、延春门、延春阁、清宁宫、厚载门，直抵中心阁的中轴线上，亦有一条宽阔的御道。近年在今北京景山公园（延春阁、厚载门遗址）之北发现的御道遗迹，宽达 28 米。大都北城为开放形式的街巷，按照方位分为 75 坊，这样大都的坊由原来仅金中都旧城的 62 个，扩建到南北两城共 137 个。

《析津志》"街制：大街二十四步阔，小街十二步阔。三百八十四火巷，二十九衖通。衖通二字本方言。（原注：《日下旧闻考》卷三十八京城总记引《析津志》）"指明元大都城里的街道，按大街、小街、火巷、衖通四等分级。大街和小街是全国街巷采用的通名，对下两级窄于小街的通道，并没有使用全国通用的"巷"和北方的俗语"胡同"，而是选择了南方的街巷行用名"火巷"和"衖通"。衖是弄的古字，衖通的南音为弄堂，北方地区俗称胡同。火巷作为大都新城中低于大街、小街的第三级街道，在新城 75 坊中竟达 384 条，平均每坊有七八条之多，坊有大有小，大坊的火巷数量比平均数还要多。这里有个需要引起我们特别重视的问题，那就是元大都新城里的街巷，是以大街、小街和火巷为主，独尊比传统的巷和胡同宽的火巷。火巷在街巷中独占鳌头，居然设立了380多条，数量之多可谓前无古人、后无来者。北方的城市，大量设计南方的火巷，这一点本身就很重要，以往很多介绍北京的书籍，说到火巷时往往一笔带过，而忽略了这一点。明朝建都北京后，除在东城明时坊还保留有一条火巷外，随着元朝的灭亡，这380多条火巷“全军覆没”，在北京城里通通消失了。火巷在大都新城来得突然，去得也快，有点像元朝的蒙古骑兵部队，来时大举进犯，去时彻底灭亡。这段史实，在北京街巷胡同文化中，应该得到足够的重视。

核查史料发现，里坊制的崩溃虽然推进了城市的经济发展，但因为沿街设摊，违建横行，呈现出“坊无广巷，市不通骑”的乱象，发生火灾根本无法救援。两宋三百余年，有记载的大型火灾共有两百多次。为此绍兴三年（1133年）十一月二十二日，宋高宗下达建“火巷”的诏书，要求“被火处每自方五十间，不被火处每自方一百间，各开火巷一道，约阔三丈。委知通躬亲相视，画图取旨”。规定了巷和弄的防火间距尺度标准，火巷约阔三丈，合今约9.3米；火弄比较窄，宽约一丈，合今约3.1米。这样，火巷和火弄便成为坊墙拆除后防御火灾的通用道路。宋淳熙十三年（1186年）武昌古城南门外著名的商业区南市，今鲇鱼套一带发生了一场大火，被烧达一万多家。刚到任的鄂州知府赵善俊为杜绝后患，当机立断，采取了“辟火巷”的措施。“适南市火，善俊亟往视事，弛竹木税，发粟振民，开古沟，创火巷，以绝后患。”南方的城市沿河而建，巷弄弯曲且狭窄，南宋所创的火巷宽而笔直，巷两边还带有排水的明沟，使街对面的火势不至于蔓延过来。火巷作为比“街”低一等的道路，也流传到北方其他城市，至今西安市还有东关北火巷、甘肃省庆阳市西峰区有火巷沟。包括金中都和元大都，也按照南方火巷和火弄的标准规划街巷。

《析津志》街制记三百八十四火巷，二十九衖通。衖通，《元经世大典》谓之火弄。《经世大典》是元代官修政书，全名《皇朝经世大典》，系元代典章制度的集大成，比熊梦祥纂修的《析津志》更具权威性。明谢肇制《五杂俎卷三·地部》写道："弄即巷也。今京师讹为胡同。"说明当时火弄、衖通、弄堂可以通用。元史记载，至元十三年（1276年），大都新城竣工。至元二十年（1283年），修完大都城，并徙旧城市肆局院，税务皆入大都，同时继续迁移南城居民充实新城。规定"旧城居民之迁京城者，以资高及居职者为先，仍定制以地八亩为一份；其或地过八亩及力不能作室者为先，皆不得冒据，听民作室"。大都新城推行的南方火巷，与传统的"巷"显然不同，在传统巷里居住的是寻常百姓，现在迁入火巷里的都是元朝的上层人士和富人，标志着火巷的地位远远高于传统的"巷"。

《析津志》街制载，大街二十四步阔，小街十二步阔。元代一步合建筑尺五尺，每尺以0.31米计，则大街宽约37米，小街宽约18米多。那么，元大都的火巷有多宽呢？1964年至1974年，中国科学院考古研究所和北京市文物工作队，共同勘察了元大都的城垣、街道、河湖水系等遗迹。经勘察发现，元大都街道分布的基本形式是：在南北向的主干大道的东西两侧，等距离地平列着许多东西向的火巷。新城中轴线上的大街宽度为28米，其他主要街道宽度为25米，火巷宽约9.3米，与宋朝规定的火巷宽度一致。这些火巷，以相邻两城门区间为一区域，从元大都光熙门（东北门）大街至北顺城街（大都城东北隅）之间，排列东西向火巷22条。至今东直门（元崇仁门）至朝阳门（元齐化门）之间，仍保存的东西向胡同也是平列的22条相一致。可见，相邻两城门区间内平列22条火巷，当是元大都城规划的统一模式。

大都新城共有南北干道和东西干道各九条，其中占主道作用的是南北干道，在南北和东西干道间，规划有整齐的50坊，坊内为横平竖直的小街和火巷，火巷间以每块为

昔日北城官吏之家的金柱大门

方方正正 8 亩一份的宅地，按等级依次分配给皇亲国戚、功臣、资高（知名的富户）和居职者（时任官员）。宽大的院落，高大的门墙，外面是平直的火巷，显示着居住者的地位和与众不同的身份，使大都新城成为名副其实的富人区。经实测，北京内城东四三条与四条之间，从西口的东四北大街到东口的朝阳门北小街为 80 亩，正好可以平分给 10 户，是为元大都火巷构成的基本模式。自东直门内大街到朝阳门内大街恰是 23 个单元 22 条火巷。今北京东城区的南锣鼓巷，南口在地安门东大街，北口在鼓楼东大街，南北长约 1000 米，东西两侧各有 8 条对称胡同。西四北一条至八条的平直胡同间，间距为 60 米至 70 米，也应是元代火巷遗留的痕迹。再考虑到南北干道的切割，把这些火巷加到一起，大约有 300 多条，与《析津志》“三百八十四火巷”相一致。感谢徐苹芳教授和元大都考古队的各位专家，通过他们辛勤的劳动，为我们补充了史书所未能提供的重要资料。

据《析津志》载，大都城内低于火巷级别的弄堂只有 29 条，可见火巷是火巷，弄堂是弄堂，两者不能混同。曾在元大都生活过的意大利旅行家马可 · 波罗在他的游记中说：大都城的街道“划线整齐”，“全城地面规划有如棋盘”。火巷的规划非常整齐，它的布局与现在北京内城旧街巷的位置基本一致。因大都新城南部人口比较多，所以北部的街巷密度要小于南部。马可 · 波罗在游记中，还有一段关于城郊和城内的记载，“城郊也和城内一样繁华，也有城内那样的华丽的住宅和雄伟的大厦，只差没有大汗的皇宫罢了。尸体一律不许在城内各处掩埋。至于佛教徒，按他们的风俗必须将死者火化，也应该将尸体运往郊外的一个乱葬岗上。这里，也是公家的执行死刑的刑场。那些以卖淫为生的妇女，除暗娼不为人知以外，不许在城内开业，全部限制在郊区。正如我们前面所讲到的，那里有二万五千名娼妓。无数商人和其他旅客为朝廷所吸引，不断地来来往往，络绎不绝。娼妓数目这样庞大，还不够满足这样大量商人和其他旅客的需要”。这段史实，让我们再一次领略了元大都新城这个富人区的权威地位，很像后来清代不许在北京内城开设戏园一样，是绝对禁止卖淫为生的妇女在城内开业的。

元朝的统治者，是靠骑在马背上征战起家的，对打仗别有兴趣。“一代天骄，成吉思汗，只识弯弓射大雕”，蒙古骑兵在成吉思汗统率下，完成了历时十八年的统一战争，建立起蒙古政权。在大规模的对外军事扩张中，蒙古军队伐西夏、灭金国、征吐蕃、占大理，西渡阿姆河进入巴格达，直至德国和奥地利边境，北上部队经伏尔加河，击败俄罗斯联军到达基辅，被称为“世界征服者”。在冲锋陷阵时，蒙古兵全靠骑兵战斗，马是战士最亲密的战友。“南船北马”，马又是北方人出行运输的重要伙伴，所以元大都又有“人马之宫”的称谓。元朝在规划建设大都新城时，不采用传统的窄巷和胡同作街道，独尊更宽更直、更有利于车马进出的火巷，是在情理之中的。

元朝在新城使用火巷可能还有个原因。蒙古军并非在所有战斗中都取得胜利，他们与南宋交战就没那么顺利。宋室南迁后，中国的文化中心转向南方，嘴边的美味，蒙古骑兵怎能轻易放过。无奈大汗蒙哥在亲征南宋时失利，死于四川钓鱼城下，只好与宋室议和向北撤兵。占领不了临安（今杭州），成了蒙古统治者的心病。1260 年成吉思汗之孙忽必烈继承汗位，他抱着消灭南宋的雄心，从蒙古来到燕京，筹划都城南移和南下方案。从 1260 年忽必烈南下燕京，到 1274 年正月大都宫阙告成，在这漫长的十几年里，元军一直没能进取宋都。忽必烈使用南宋创立的火巷，作为新城的主要街道，也表明了他消灭南宋统一中国的决心。

《壁书大展》

本来布满“拆”字的胡同是人们司空见惯的，画家好像没有回避这一主题，而是以幽默的手法，把人们带入一个怀旧境界，巧妙的命题，使人感到耳目一新。

明清北京推崇胡同

北京从唐辽金到元末，大都新旧两城只有金中都旧城遗留下来的29条胡同，而且还被元朝政府使用南方的小巷“弄堂”。明代推崇胡同，统一了对巷和小巷的称谓，在街巷中不再使用火巷和南音弄堂，并把胡同正式列入街巷名称。在严格的户籍管理制度下，胡同的数量增加了。让人惊讶的是，北方地区保留古代巷“虹”的发音“胡洞”，居然预示了大明朝在北京的兴起。《礼记》曰：“虹：大明生于东，月生于西。”无怪乎胡同在明朝得以如此迅速地发展。

明代推崇胡同的结果，对元大都的300多条火巷进行改造，让皇家卫队乃至官府，住进北城宽大的胡同，出现了北京最早的“高级”胡同。从此，胡同的地位从早期“似洞的咽喉小巷”“手工业作坊的聚集地”“妓馆所在之地”直线上升，一跃成为北京街巷中耀眼的明星。从明朝起，过去一向不被人重视的胡同，登上北京街巷的大舞台，由“时俗相传”正式成为行用的街巷名称，并统一写成“衚衕”。

在北京的历史上，最早对胡同进行大规模收录和系统介绍的，是明嘉靖三十九年（1560年），张爵编写的《京师五城坊巷衚衕集》。老北京谚语：“北京的胡同有名的三百六，无名的赛牛毛。”这本书里记录着北京城里有名字的胡同，正好也是三百多条。

老北京人说话有根有据，绝非凭空想象。在《京师五城坊巷衚衕集》这本书的自序里，作者张爵特别叙述了自己收集胡同称谓的过程。“予见公署所载五城坊巷必录之，遇时俗相传京师衚衕亦书之，取其大小远近，采葺成编”，说明在此以前，胡同只是民间对小巷的俗称，就像小孩除大名外还有小三、小狗子之类的小名，在规格上比街和巷要低。古时候对胡同也称为陋巷、穷巷，是城市贫民居住的地方。书中所收集的胡同称谓，是千百年来流传在北京城市里的土语方言，胡同的名称也由世俗相传而来。从明代开始，才正式把胡同记载到文书里，使胡同成为正式行用的街巷名称。但当时“胡同”这两个字的写法和现在不同，在胡和同这两个字外面都有个“行”字，写成“衚衕”，表示胡同是可以让人随意通行的小巷子。直到清末，因为衚衕这两个字写起来不方便，才有了简写的“胡同”。我们至今所见官府正式对胡同的命名，便出自《京师五城坊巷衚衕集》，该书堪称北京胡同第一书。

《京师五城坊巷衚衕集》记述了明朝北京五城36坊的名称、位置和各坊的街巷胡同。明朝时的五城，是以正阳门（前门）内皇城（今故宫）两边为中城；宣武门内街西往北至城墙并西关外为西城；崇文门内街东往北至城墙并东关外为东城；北安门（今称地安门）至安定门、德胜门里并北关外为北城；正阳门、宣武门、崇文门外为南城。书里还“附载京师八景、古迹、山川、公署、学校、苑囿、仓场、寺观、祠庙、坛墓、关梁，皆以次其载于集。分置五城，排列坊巷，又为总图于首。披图而观，京师之广，古今之迹，了然于目，视如指掌。使京师坊巷广大数十里之外，不出户而可知。庶五城衚衕浩繁几千条之间，一举目而毕见。均各备载，编集克成，用工锓梓，以广其传云”。

永乐十八年（1420年），明成祖迁都北京，北京成为明王朝的京师，无论文化教育、户籍管理都成为朝廷要政。明朝时期，实行高度发展的封建专制主义政治，除五府六部

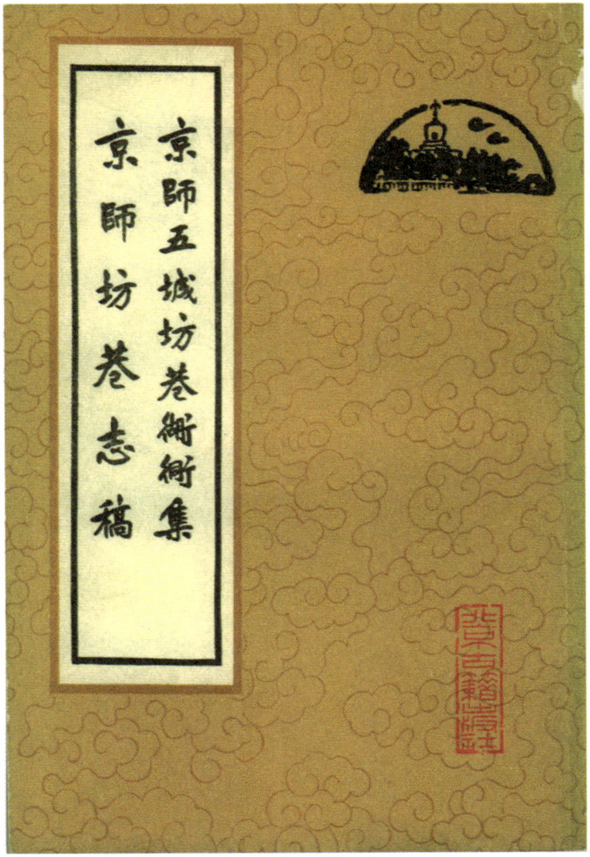

《京师五城坊巷衚衕集》，明朝人张爵著。

以外，设有锦衣卫。锦衣卫不仅掌管侍卫职能，还有巡察、缉捕、审理、诏狱的权力，是皇帝直接领导下的特务机关。为加强封建专制，朝廷对北京实行了严格的户籍管理。北京设东、西、南、北、中五城兵马司，五城以下按里巷居住人口设坊，坊下置牌，牌内每200家编为一保，是为一铺，铺保之说，也缘于此。到明嘉靖后期，北京内外五城共置36坊，97牌，670铺。如西城阜财坊四牌二十铺，阜财坊在宣武门里，宣武门大街以西，至西便门一带，每五铺设一牌，每铺200家，二十铺是4000家。各级官吏还要挨街挨巷挨户地籍户口，置户帖，“具书名、岁、居地，籍上户部，帖给之民”。在严格的户籍管理制度下，城里的大街小巷像扫地皮似的被清理一遍，连过去不被人重视的小胡同也必须入册登记。这也是北京收集胡同第一人的张爵，在编纂《京师五城坊巷衚衕集》时，“遇时俗相传京师衚衕，亦书之”的背景情况。

从张爵的序言里，“予见公署所载五城坊巷必录之”，我们只能推测他的工作应该与管理街巷的锦衣卫有些关系，或者他本身就在锦衣卫里任职，但无法确认他的具体身份，也就对书的价值打了点折扣。直到1957年，北京市文物工作队在永定门外蒲黄榆发现了张爵和他妻子王氏的合葬墓，同时出土长达一千二百多字的墓志铭，才使我们对他有了全面的了解。根据墓志铭记载，张爵字天锡，别号省庵，又号竹坡。生于成化十一年（1475年），卒于嘉靖四十五年（1566年），原籍湖广德安府应城县人。明初，他的高祖“占籍燕山前卫军役”，由此来到北京，张爵便成为土生土长的北京人。明正德年间张爵充兴王府书办，兴王朱厚熜被立为皇帝后，以张爵“护驾有功，书办年久，升锦衣卫，实授百户”。此后，张爵一直任职锦衣卫，由百户一路提升至千户、指挥佥事、指挥使。他曾在锦衣卫东司房“理刑”，当“东厂缺官理刑时，难其人，检以公举，以缉捕功升指挥佥事提督象房……一切机务，悉倚毗焉”。

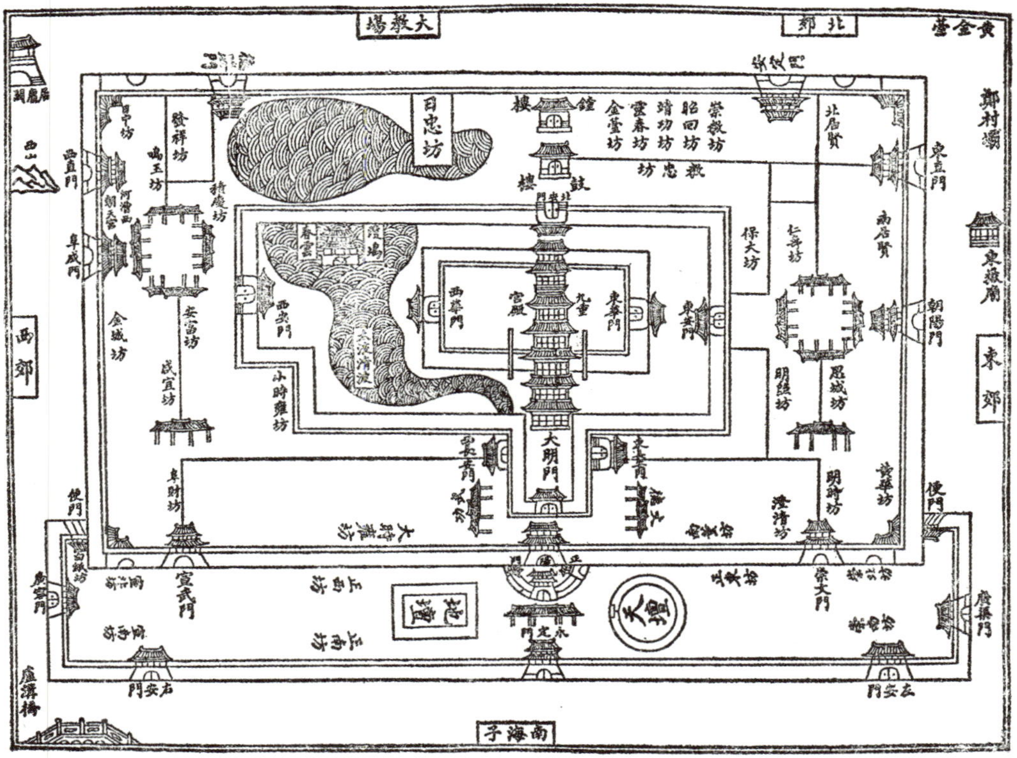

《京师五城坊巷衚衕集》中的五城坊巷图

“卫”“所”制度，是明朝立国以后治理国家的军政制度。《明史·兵志》上说：“天下既定，度地害要，系一郡者设所，连郡者设卫。大率五千六百人为卫，千一百二十人为千户所，百十有二人为百户所。所设总旗二，小旗十，大小联比以成军。”大致以5600名正规军士为一卫，称卫指挥使司，卫的长官是指挥使（正三品）。一卫辖五个千户所，每个千户所辖正规军士约1200人，设千户一人（正五品）；千户所下设10个百户所，每所辖正规军士约120人，设百户一人（正六品）；百户所辖有总旗二，小旗十，约五十人为一总旗，一个总旗领五个小旗，约十人为一小旗。卫、所自京师至府、县，遍布全国各地。卫隶属都指挥使司，都指挥使司又分隶于五军都督府，并听命于兵部。洪武二十五年（1392年）统计，全国卫、所兵数有一百二十余万。永乐以后，卫、所兵数达到二百七十余万。

明洪武十五年（1382年），朱元璋设建锦衣卫、旗手卫、金吾前卫、金吾后卫、羽林左卫、羽林右卫、府军卫、府军左卫、府军右卫、府军前卫、府军后卫、虎贲左卫护卫等亲军上十二卫。十二卫是皇帝直辖亲军，不属五军都督府管辖，其中最重要的就是“锦衣卫”，全称锦衣亲军都指挥使。锦衣卫是明朝皇帝的侍卫机构，应该和禁卫军没什么两样，但其职能却是“掌直驾侍卫、巡查缉捕”，在侍卫皇帝的基础上增添了巡查缉捕的功能，成为皇帝的秘密警察。锦衣卫官员有指挥使一人，正三品；同知二人，从三品；佥事二人，四品；镇抚二人，五品；十四所千户十四人，五品；下属有将军、力士、校尉等。锦衣卫的官员，均由皇帝的亲信武将担任。锦衣卫下设南北镇抚司，南镇抚司负责本卫的法纪、军纪；北镇抚司传理皇帝钦定的案件，有自己独立的监狱，可以自行逮捕、刑讯、处决，不必经过政府司法机构。《明史·职官五》：“锦衣卫掌侍卫、缉捕、刑狱之事，恒以勋戚都督领之……盗贼奸宄，街涂沟洫，密缉而时省之。”

嘉靖朝的锦衣卫指挥使，大都是嘉靖登基前在兴王府的旧人，张爵原是兴王府书办，自然也受到嘉靖的格外赏识，所以才能得到锦衣卫最高档正三品指挥使的职务。嘉靖三年（1524 年）以后张爵“掌街道房事”，锦衣卫中的街道房，专管京城坊巷街道。张爵是北京人，在北京土生土长，他又是锦衣卫的特务头子，专管京城坊巷街道的事情，可以说是研究街巷胡同的绝对权威。也正因为他的特殊身份，才有机会接触到有关机要资料。他在序里说予见公署所载五城坊巷，必录之；遇时俗相传京师衚衕，亦书之，表明这些资料都出自锦衣卫街道房的档案材料。嘉靖三十八年（1559 年）张爵辞官归家，“归田来，以琴棋结社，召集朋济，非订究往迹，则吟咏情性，至于朝政，绝口不谈也”。从“绝口不谈”四个字，可以看出他的深沉和老练。嘉靖三十九年（1560 年）正月，在不到一年的时间里，张爵“订究往迹”完成了全书的编写。

此后，随着社会稳定、经济繁荣、北京的人口日益增多，街巷胡同的数量也不断增加。到了清朝，街巷胡同增加到 2077 条，其中胡同 978 条，几乎是明朝的一倍。其中，不乏胡同“条数”增加的情况。旧时按牌、按铺统计人口，胡同的人口增加了，就会分出二条、三条，甚至上二条、下二条。比如在崇文门外东河沿往东，广渠门的东北角，明代有头条胡同、二条胡同、三条胡同、四条胡同，总共只有四条胡同；清乾隆年间，这四条胡同每条都划分出上、中、下三条，如上头条胡同、中头条胡同、下头条胡同等，四条胡同变成了十二条胡同；到了清末光绪时，下头条都不够了，又增加了下下头条、下下二条、下下三条、下下四条，从最早的四条胡同，派生出十六条，数量增加了三倍。民国时期，北京拆除了皇城，增辟和平门、复兴门、建国门，并对虎坊路东部的香厂地区进行建设改造，基本形成了北京市现在的样子。在对环香厂地区进行改造时，在万明路、香厂路、仁寿路一带，修建了不少西式洋楼，如“新世界”即为仿上海大世界建筑。

这一带的道路，因属新型街道，为区别以前的老街巷，则冠之以“路”和“里”。

北京过去还有不少没有通名，仅有专名的街巷胡同。《京师五城坊巷衚衕集》中就收有以寺庙府衙等地名为街巷者713条，其中以寺庙名为街巷者201条。直到1991年，我参加编写北京地名志时，北京仍有一些没有通名的街巷存在。有出京剧叫《法门寺》，是现在老幼皆知的《拾玉镯》的后续，演到宋巧娇到大太监刘瑾面前告状，涉及刘媒婆时，有段对白，很能反映早期以寺庙地名为街巷的特点：

刘瑾：刘媒婆住在哪儿？

宋巧娇：住在白衣庵。

刘瑾：那么你哪？

宋巧娇：也住白衣庵。

刘瑾：这么好的孩子，怎么跟说媒拉纤的住在一块了，这可住不出好来。

贾桂（小太监）：赶紧搬家吧。

刘瑾：你给房钱呀？

贾桂：我还住庙哪。

小太监贾桂说“我还住庙哪”是自嘲。他出主意让人搬家，大太监不高兴了，我还没说叫她搬家哪，你敢当着我的面下命令让人家搬家，那你给交房钱吧。过去叫花子没钱租房子，晚上住在破庙里，贾桂说他还住在庙里，意思是连我自己都没钱交房租哪。而宋巧娇所说的“住在白衣庵”，可不是和刘媒婆住在一个庵里，而是都住在白衣庵所在的一条街上。

下斜街土地庙

明代内城以地名为街巷的多与府衙有关，如：

皇城周围，正阳门里顺城墙往东至崇文门大街，有宗人府、吏部、户部、礼部、兵部、工部、御药库、鸿胪寺、钦天监、太医院、东朝房、銮驾库、翰林院、新上林苑监、会同南馆、台基厂、詹事府、留守右卫、金吾右卫；

顺城墙往西，至宣武门里大街东边，有中府、左府、右府、前府、后府、太常寺、通政司、锦衣卫、西长安门、西朝房、旗房行人司、旗手卫、兵部洼等。

以庙宇名为街巷者，外城宣武地区占绝对优势，如：

宣武门大街东，有观音堂、永兴庵、圆通寺、玉虚观、城隍庙、关王庙、竹林寺、老君堂、报国寺、紫金寺、昊天寺、善果寺、归义寺、弘法寺、天宁寺、黑禄寺、真空寺；

菜市口大街南，有保安寺、新寺、观音堂、关王庙、悯忠寺；

白纸坊一带，有大圣安寺、小圣安寺、砖庙儿、三官庙、保应寺、礼拜寺、老君地、相国寺、崇教寺、贾家庙等，这些庙宇很多都是辽金时留下的。

其他以地名为街巷名的还有很多，篇幅所限，不一一举例。

这些街巷，以后或正式列入街名，如保安寺名保安寺街、白纸坊名白纸坊大街等；或维持原样，等待以后重新认定，如玉虚观、老君堂；或因年久倒塌，废为菜园，如竹林寺、昊天寺等；或因市政建设需要，如正阳门里两侧的五府六部府衙，均在建造大会堂和历史博物馆时拆除。

中华人民共和国成立前，北京的街巷胡同约 2623 条，其中胡同 1198 条；中华人民共和国成立后，街巷胡同达到 3053 条，其中包括胡同 1564 条。胡同的发展，表明北京人对“胡同”本土文化的热爱。当然，现在人们对胡同的理解，早已不限于古代的小巷，在现代人眼里不仅是巷，甚至连一些小街也包括到胡同之列了。

《大限将至》

本画反映出城市建设与历史文化的矛盾，对于即将消失的胡同文化总有一种依恋的情怀，用来唤醒无数颗怀旧的心。

胡同里的北京

北京胡同的地理特色

明清北京城的街巷胡同横平竖直，总体布局呈棋盘状。

明清北京城的街巷胡同横平竖直，总体布局呈棋盘状。内城在元大都新城的基础上改建，外城南部的西侧是金中都旧城所在地，这两处过去都按《考工记》的规划理念设计。所谓自南至北谓之经，自东至西谓之纬。城内各以城门为终始点，形成南北和东西干道，也就是大街，在大街间有南北和东西的街巷胡同与之相连。外城的东部即今和平门以东地区，系在明嘉靖年间兴建外城时并入的居民区，受环境和地形影响，不规则的斜街较多。所以北京的胡同在不同地区体现出不同特点，从北京的空间结构入手，结合历史地理和人类活动，明显分成三大胡同区域：

1. 北京西南部，古老狭窄的辽金胡同区；

2. 前门外，两城间自然形成的不规则胡同区；

3. 内城由火巷改建的明清胡同区。

在三大胡同区域内，根据地域特点，前门外地区又可划分为前门外西侧和东侧崇文门外两个小区；内城则以胡同形成的年代不同，划分为长安街北由火巷改建的明清胡同区、内城长安街南因明城墙南移后规划的胡同区、清代由皇城内御园演变的胡同区。本篇按照北京西南部宣武门外、前门外、崇文门外、内城长安街北、内城长安街南、皇城内的顺序，对三大胡同区域及其小区分别予以介绍。

宣武门外的古巷

北京宣武门外，是北京城的发源地。其中，东汉至辽南京城以前的蓟城，东界在宣武门外西侧，从教场小五条至菜市口偏西、烂缦胡同和法源寺之间的南北一线；南界在十五中左近的姚家井、白纸坊东西街一带向北抵外城北墙的地区。金中都城被包围在明北京外城内的地区，东界在今宣武门外东侧，由大沟沿向南，经梁家园西的废城、黑窑厂胡同、窑台、陶然亭公园到外城南墙，从这条断续的土丘向西直达外城西墙，也是本节所涉及的范围。

北京街巷的鼻祖

东汉时的蓟城，南北略长、东西略窄，依礼制按王城以下的诸侯城制度建设。蓟城开八门，每面设城门两座，相对的城门间有东西和南北向主干道各两条，在棋盘式道路内设小街与里坊的巷门相通。城内的两条东西向主干道，即今广安门大街和南横街。两条南北向主干道，一条连通旧宫城北门和大城北墙西侧的城门，明代扩建外城的时候已被分割到城外；另一条与它平行的南北干道，与今南闹市口、长椿街、牛街、右安门大街重叠。

广安门大街和南横街的历史最为悠久，早在《晋书》里就有“蓟城内西行有二道”的记载，堪称北京街巷的鼻祖。从东汉到辽南京城，蓟城的城址基本没有很大变动。辽南京城沿用唐幽州城旧址，城垣周长 36 里，城墙高 3 丈，宽 1.5 丈。城内设 8 门：东曰安东（东面偏北之门）、迎春（东南门），南曰开阳（南东门）、丹凤（南西门），西曰显西（西南门）、清晋（西北门），北曰通天（北西门）、拱辰（北东门）。相对城门间有沟通八门的四条大街，南北向即今西便门大街和长椿街，东西向即今广安门大街和南横街。城内街道布局井井有条，宽阔端直，相互交叉呈井字形，干道间有小街与里坊垂直相连。在棋盘式道路网格内设封闭的 26 个里坊，均使用唐代幽州城留下的坊名。

广安门大街古称檀州街，自后汉起就是古城连接东西的一条重要大道，也是北京最早最热闹的商业街。檀州街西起南京城的西门清晋门，在今广安门外甘石桥附近；东至东城墙偏北的安东门，在今烂缦胡同北口一带。过去安东门又叫檀州门，檀州街因此而名。在房山云居寺石经《大般若波罗蜜多经》题记里，记有：“大唐幽州蓟县界蓟北坊檀州街西店弟子刘师弘何惟颇侯存纳贾师克等造大般若石经两条”；1974 年在山西应县木塔中，也发现记有“燕京檀州街”的辽南京雕刻汉文印刷品《妙法莲花经》，可见檀州街在唐、辽时都很有名。金朝时，率兵攻破北宋都城汴京，《岳飞传》中鼎鼎大名的金太祖第四子金兀术，便住在檀州街内。《建炎以来系年要录》卷一九七引《神麓记》：“兀术往祁州，元帅府朝辞既毕，众官饯于燕都檀州门里兀术甲第。”直到元代，安东门的名称曾有多次变化，但檀州门和檀州街之名仍然在沿用。元代，檀州街又成为南城通往北城的重要通道，还在檀州门设立税卡，《元典章・户部》里便有“今人到檀州门有管税木场官，每三十分抽一分”的记述。檀州街附近历史胜迹很多，有燕角楼、报国寺、

南横街历史悠久，是南城历史的见证。它与广安门大街平行，东起北纬路，西至牛街南口，全长两公里左右。

长椿寺、牛街礼拜寺、法源寺、仙露寺、大悲阁等。法源寺建于贞观十九年（645 年），唐太宗李世民为哀悼东征阵亡的将士，诏令在此立寺纪念，武则天万岁通天元年（696 年）完成工程，赐名“悯忠寺”。辽咸雍六年（1070 年）奉诏修复，又称“大悯忠寺”。清雍正十一年（1733 年）重修古刹，正式改名“法源寺”，并沿用至今。现菜市口西立有安东门和潭州街纪念碑，供游人寄情怀古徘徊凭吊。

明清两代，广安门大街是出入京城的必由之路，属外城最繁华的大街，商业、服务业十分发达。其西段因金中都西城门名彰义门，称彰义门大街，地点在广外的湾子。菜市口以东的街段，汇集骡马交易市场，叫骡马市大街。过去，天下十八省所隶官员朝觐，工贾来者莫不遵路于此，被称为“京师咽喉”。清汪懋麟《彰义门行》：“彰义门西日色变，十丈烟尘人不见。高车宝马纷纵横，两道门旗马前转。车中端坐何郡郎？新授南方好州县。家人弓箭各在腰，小妾金珠饰颜面。此行作吏廉乎贪？南方饥民饱藜苋。”古代，广安门大街一直是条土路，清雍正帝建清西陵时，始令从广安门到宛平城修筑石板路，拨白银八万两“自广宁门至小井村，长一千五百丈，皆填洼为高，砌以巨石”。后因年久失修，街道的路面坑洼不平。1926 年，冯玉祥进京时，用土加垫石道，将石道埋在土下。中华人民共和国成立后，广安门大街进一步拓宽道路，几经改建成通衢大道。

南横街原称横街，位在宣南中部，东西走向。其西段与东西向枣林前街相接抵辽皇宫东门宣和门，中段过辽南京城东南侧的迎春门，东段穿越金中都东南侧的宣曜门，是蓟城南部的东西干道。辽南京的皇宫在城的西南隅，即唐幽州城的子城所在地。据史籍记载，古代城市中有子城始于南北朝时期，唐代各州军府于城内筑子城，在子城内设有管理城市的衙署。宋宣和四年（1122 年）十月二十四日，宋军派郭药师率常胜军千人为先锋，夺取辽南京迎春门，拟乘胜攻占皇宫宣和门，就在今南横街一带。《三朝北盟会编》

载："郭药师遣甄五臣领常胜军五十人杂郊民夺迎春门（东南门）以入"，"大军继至，阵于悯忠寺（今北京法源寺）。分遣七将官把燕城七门"。"（辽）萧后登宣和门（皇城东门）亲施箭镞，以拒王师"，"密遣人召萧干等回"。"（辽）四军人马自南暗门入，内诸门皆启，铁骑突出，战于三市。"由于萧后积极抵抗，郭药师指挥的军队败于城北三市，"遂（退）至双门楼下，令骑皆下马，且战且行，至悯忠寺前"。辽依契丹族旧俗，以皇城东门为正，宫殿皆东向，故在东门宣和门上建有五凤楼，宣和门前还建有门楼，俗称双门楼。宋兵由双门楼经南横街向东退却，最后至悯忠寺前，被迫退出迎春门外。悯忠寺东有大延寿寺，东魏幽州刺史尉长命所建，俗称尉使君寺，后改称智泉寺，唐宣宗赐名延寿，是幽州名刹。辽代与悯忠寺、三学寺并列为南京城内三大佛寺，辽帝常光临于此举行佛事。如统和十二年（994年）四月戊戌，以景宗石像成，幸延寿寺饭僧。重熙十一年（1042年）十二月己酉，以宣献皇后忌日，上与皇太后素服，饭僧于延寿、悯忠、三学三寺。

南横街的道路较窄，均宽6～6.5米，现分为南横西街和南横东街两段。南横西街原名圣安寺街，民国时改称南横街西口外，东起菜市口胡同南口，西至牛街南口与右安门大街和枣林前街衔接，街全长904米，均宽6.5米。西段路北有建于天会年间（1123—1137年）的金刹圣安寺，《析津志》："在旧城（即金中都城），金皇统初赐名大延圣寺。大定三年（1163年）新堂成，崇五仞，广十筵，轮奂之美，为都城冠。七年（1167年）诏改寺之额为大圣安。"同书又云："兴禅寺，在燕圣安寺之东，悯忠阁之西。"悯忠阁即今法源寺内之崇阁。圣安寺内供奉金世宗、金章宗像，系当时皇家活动的重要场所。明正统年间，改名普济寺，殿内供奉三尊三世佛，俗称西方三圣，大殿内有宣德时著名宫廷画家商喜所绘壁画。清乾隆四十一年（1776年），乾隆帝出资重修寺院，重新命名为圣安寺，山门御书匾额："敕建古刹圣安寺。"进寺为天王殿，次瑞象亭，中为大雄宝殿。清朝文史学家李慈铭家住保安寺街，曾赋诗曰："情游重忆十年前，破寺楸花四月天。休教更话金源事，尘画明昌问圣安。"北京解放后，圣安寺改为私立圣安小学，后为宣武区南横街第一小学、宣武区少年科技馆，现仅存千年古槐和天王殿、山门。

南横东街西起菜市口胡同南口，东至南华东街北口，原名横街，清末称南横街，《燕都从考》称：骡马市（大街）之南其东西之大街曰南横街。1965年将街东城隍庙街并入，全长1075米，均宽6米。南横街的地势颇高，路面向东西逐渐降低。街内原有嘉兴、全浙、开郑、湘阴、泾县、祥符、淮安、盂县等会馆，清末重臣曾国藩曾居街内。南横街11号原粤东会馆，明代严嵩的别墅，是"戊戌变法"时"保国会"旧址和维新派人士聚会的地方。1898年4月17日，二百余维新派志士在这个院子里灵府沸腾，康有为慷慨陈词："吾中国四万万人，无贵无贱，当今日在覆屋之下，漏舟之中，如笼中之鸟，牢中之囚；为奴隶，为牛马，为犬羊。听人驱使，听人宰割。此四千年中二十朝未有之奇变。加以圣教式微，种族沦亡，奇惨大痛，真有不能言者也。"1912年9月，孙中山第二次来北京在此居住，并在此演讲、提出富国强民之愿望。1998年9月被有关部门拆毁。街东侧原有东岳庙、江南城隍庙、三官庙，现均被拆除。

牛街南北走向，北起广安门内大街，与长椿街隔街相对；南至南横街，与右安门大街相连。街长645米，均宽10.5米。街东有辽代统和十四年，即北宋至道二年（996年）修建的礼拜寺，是北京最大、最古老、最著名的伊斯兰教清真寺。全寺占地面积6000平方米，主体建筑有礼拜殿、宣礼楼、望月楼、讲堂、碑亭、对亭等。寺内两座筛海坟，是元朝初年从阿拉伯国家前来讲学的伊斯兰长老之墓。墓碑镌刻阿拉伯文字，苍劲有力，年代久远，为国内少有的文物。筛海，阿拉伯语音译，又译“谢赫”，原意为“老者”“长老”，系伊斯兰教对有名望的宗教学者的尊称。寺院坐东朝西，殿堂楼亭主次分明排列在一条中轴线上，是中国传统建筑形式和阿拉伯建筑风格相结合的代表。据《北京牛街冈上礼拜寺志》载，宋太宗时，有西域辅剌台人筛海革哇默定者，西域辅剌台人氏，来东土传教，上赐官爵坚辞弗受，因授清真寺掌教，留居东土。后赛德鲁定传教远出各方，其次子筛海那速鲁定、三子筛海撒阿都定知燕京将为兴隆之地，请敕建该礼拜寺，记述了牛街和礼拜寺的来龙去脉。牛街地属辽“敬客坊”范围，处南京皇城东墙外，北达南闹市口，南抵开阳门（辽名），是当时最重要的南北大街，甚为繁华热闹。在房山云居寺石经中，发现有辽代“施主檀州街敬客坊樊刘氏……”的题记。“敬客”，顾名思义应是中外籍人旅居集中处，这才有了阿拉伯人在此“请敕”建礼拜寺之举。牛街和礼拜寺，明张爵《京师五城坊巷衚衕集》分别记作牛肉胡同和礼拜寺。33 年后，明沈榜《宛署杂记》记作礼拜寺街。再 300 年，清代朱一新《京师坊巷志稿》记作牛街。中华人民共和国成立前居民以回民为主，中华人民共和国成立后，曾把牛街西侧东西向的堂子胡同、周家胡同、丁家胡同、羊肉胡同、张家胡同、穆家胡同等，更名牛街头条、二条、三条、四条、五条、六条。这一带从 2000 年开始被拆除，建设成牛街西里。

在有关史料上，还记有牛街及其附近地区，曾名藁上、岗上、阁上，或柳河村、柳湖村、东湖柳村等。南宋乾道六年（1170 年），范成大受命出使金国，其在《揽辔录》中写道：“乾道六年使金，至燕山城外燕宾馆，燕至毕，与馆伴使副并事行柳堤……宣阳门内正北，亦即东、西千步廊之间是御道（又称驰道）。御道两旁有沟，沟上种植绿柳。”范成大笔下的大片柳堤和绿柳，在今牛街以南地区左近。蒙古军攻占金中都后，烧毁了皇宫，只剩下垂柳御河，该地沦为蔬圃，留下柳河村、柳湖村、东湖柳村等地名。

牛街礼拜寺在北京市西城区广安门内牛街，是北京规模最大、历史最久的清真寺。

《辽史·地理志》：辽南京“东北隅有燕角楼”，燕角楼是辽代东垣皇城上的建筑物，《明一统志》：“燕角楼在府西南一十五里，辽建。今其地犹名燕角。”清《日下旧闻考》：“今土地庙之西犹有燕角之名，角读如藁。按燕角儿在南燕角东南。”清《顺天府志》“南燕角”条下：“南燕角，俗讹烟阁。少南曰燕藁儿，藁即角之误也。迤东曰大门口，曰藁上。”藁上，又称岗上、阁上，口语加儿化音称为“冈儿上”。金中都的皇城位于都城的中心略偏西南，其址约在今西城区白纸坊西街与滨河西路交叉处稍南，皇城的东墙与辽南京皇城东垣一致，在今南线阁大街稍东老君地西侧之南北一线。明时称该地胡同名燕角儿，在胡同与广安门大街相交处立有牌楼，牌楼迤北与迤南三里许的南北胡同均称燕角。清代有南北之分，分别称北燕角、南燕角。清末光绪时名北烟阁胡同与南烟阁胡同，民国时称线阁。街口牌楼于20世纪50年代初被拆除，后展宽路面为街，北线阁街北与西便门大街相接，南线阁街南通菜园街，始成南北通道。

北京胡同之根——老墙根

宣武门外校场口西有老墙根胡同，始自唐代，因有唐幽州城的北城垣而名，是北京的胡同之根。

老墙根胡同在校场口西，呈东西走向。明时惜薪司南厂设此，南为葱厂，后来改称葱店，现在的荧光胡同即葱店所在。校场口，明称教场，为操练军队的所在。明、清两朝是教场的出入路口，渐为宣外大街西侧的主要干道。1965年整顿街巷名称时，命名为校场口胡同，校仍读“叫”音。校场口北侧由东向西平行排列南北向的校场头条、校场二条、校场三条、校场四条、校场五条、校场大六条、校场小六条、校场小七条、校场小八条、校场小九条，除二条外均北起达智桥胡同，南至校场口胡同，各长400多米，宽约4～6米。其中二条北起芝麻街，南至校场口胡同，长200米，宽4米。校场大、小六条、小七条、小八条在校场口胡同西北部，东西向并列，均西起康乐里，东至校场五条，各长200～300米不等，校场小八条由东西与南北两条胡同组成，校场小九条位其南侧，为弯弯曲曲的南北向街巷，南至老墙根街，长约300米。20世纪50年代初，笔者就读于下斜街的14中学，每天上学都要从宣武门外大街进校场口途经老墙根胡同，这片胡同便成为当时大家较量骑自行车水平的地方。

校场口从东向西是个大上坡，进口一百米左右有个岔道，岔道西南有车子营、夹道居、广安胡同、狮子店等小胡同，与菜市口西北边的广安市场相通。由岔口向北再西是狭窄的转弯，遇到车马更难通行，这是第一道关口。西转后开始下坡，经校场四条南口向西时，更是急转直下，这是第二关，此坡为唐辽东城垣废墟无疑。最难的当数通过老墙根胡同，当时老墙根胡同有早市，有卖豆汁的，卖豆腐脑的，地摊上摆满破旧杂物，南面一片低矮的房子里堆满各种贱卖的破烂，任人挑选，人来人往甚是拥挤，要想骑着车通过，全靠自己的"定车"技术。

老墙根得名于胡同北面的土城。《燕京访古录》载："宣武门外老墙根有半截废城一段，长一丈八尺，高九尺。城砖坚固，石基如新，平嵌一石……上刻隶书'通天'二大横字，左刻'辽开泰元年'五字，右刻'北门'二字，均隶书。考此处为辽时内城东北隅也。"震钧《天咫偶闻》也认为这里是辽南京的北垣。20世纪60年代时此处尚有古城遗址，在土城东、西段的延长线上，时有黄土高台映现。我所见到的老墙根纯系土城，废城上尚嵌有两块残石，其一有竖写的小字"辽开泰元年"，并无坚固的城砖，《燕京访古录》所谓"城砖坚固，石基如新"所记当有误。不过也许因为这几个错误的文字，曾被人误认为土城是后人伪造。直到 1929 年，在今北京西城区二龙路的教育部院内，发现了唐咸亨元年（670 年）的“仵钦墓志”，才确认了老墙根城址的地位。仵钦墓志记述其墓在幽州城东北五里，唐五里今约合 3.6 里，从老墙根向北推 4.2 里约合唐 5.8 里，正在西城二龙路一带，与仵钦墓志记载的基本相符。1957 年前后，建红旗中学时老墙根被拆毁，至今该地地势仍然高于街南，显示其历史上曾是城垣基址，当为唐以前的北城垣。1965 年，整顿街巷名称，将附近炭机库、大火道口并入，定名老墙根街。

老墙根胡同西接窦家坑，俗称“斗鸡坑”，民国时更名感化胡同。感化胡同中段北侧有云山别墅，即今三晋宾馆。民国元年袁世凯当政时，移菜市口刑场到云山别墅南侧的大院内。《燕都丛考》载：“自校场口而西曰老墙根……其西曰火道口，又西曰下斜街，云山别墅在北，民国元年设刑场于其后，今已移至天桥。”刑场移至天桥后，在其地设“感化学校”，巷名遂改为“感化胡同”。其后，熊希龄主办的香山慈幼院下属工厂均建在巷内。据当地居民回忆，当时的慈恒印刷厂就在感化胡同三号，这所工厂还曾秘密印刷过李大钊先生起草的传单。老墙根胡同北侧有明代西斜街，清分为上、下斜街。上斜街建有三座关帝庙，又称三庙；下斜街有土地庙，又名土地庙斜街。

1972 年，在北京西四羊肉胡同又出土唐贞元六年（790 年）任希墓志，记述其墓方位在幽州城北五里。《光绪顺天府志·金石志二·历代上》也记有康熙辛酉（1681 年），西安门内有中官治宅掘地，误发古墓，发现贞元六年（790 年）大唐故濮阳卞氏墓志，称窆于“幽州幽都东北五里礼贤乡之平原”。由这两份资料推测，唐幽州城在咸亨元年（670 年）时，又修建了新的北城垣，其地在今宣武门内大街东西向头发胡同一线，该地比周围凸起，当即旧城垣遗址。头发胡同以北数十米有与之平行的，原称臭水河，本是一条明沟，后来取谐音为浸水河，早已形成平地，1965 年改名为受水河胡同。

考古发现的金代胡同

考古勘察发现，保留至今的北京西城区故金中都城东部，从辽南京东垣今烂缦胡同向东扩建到菜市口以东的魏染胡同，即宣武门外大街及其东部的一些南北方向的胡同，如北柳巷、南柳巷、魏染胡同、果子巷、米市胡同、丞相胡同、椿树胡同、陕西巷等，均是金中都街道的遗迹。这些平行的胡同都以城市的主干道为轴线，在轴线两旁排列。《金史·海陵王纪》载："贞元元年（1153 年）五月乙卯，以京城隙地赐朝官及卫士。七月戊子朔，原赐朝官京城隙地，征钱有差。"新建的住宅、商铺当时被发现在城西、南、东三面的平行胡同中。金中都的城市布局，混合着坊巷和坊两种新老格局，这是在当时中国南北城市中普遍存在的现象，反映着中国古代城市由封建社会中期向后期的过渡。

果子巷是骡马市大街南侧最为繁华的地带，明代属宣南坊的范畴之内，处于宣南的核心地带，因口内有果子市而名。这条贯穿南北的巷子里，过去有许多经营干鲜果品的店铺，房山及大兴等地的果品大多集散于此。果子巷北口路西，民国时有南城劝学所，其朝东临街五间，满是大格玻璃窗，高君宇与邓中夏均在此进行过革命宣传活动。道光二十年（1840 年）七月，曾国藩曾移居果子巷万顺店，与湘潭欧阳小岑同住。曾入住果子巷之前身体不适，搬来后病情加重，经刘午峰、黄兄嵋诸医诊治不见好转，几不能救，几个月后才逐渐痊愈。十月，移居达子营关帝庙。果子巷 69 号古瀛会馆即河间会馆，北洋政府副总统冯国璋曾住于此。果子巷南口略西为驴驹胡同，亦称骊珠胡同，有广西会馆，现并入果子巷。巷南略东是贾家胡同，明时曾称"贾哥胡同"，清时哥谐音为家。

贾家胡同内会馆很多，著名的有福建莆阳会馆、江苏江震会馆、湖北蕲水会馆、广东高郡会馆、河南归德会馆、河南开封会馆、广西柳州会馆、湖南永州会馆、广西南馆、福建龙岩会馆、江西庐陵会馆等。清著名经济学家洪亮吉于乾隆四十六年移此居住，他的人口论比马尔萨斯还早；清末著名小说家吴趼人，即《二十年目睹之怪现状》的作者，也诞生在此胡同。嘉庆十八年（1813 年），林则徐偕妻郑淑卿到京就任京官，住在离贾家胡同不远处高家寨的莆阳会馆。当时林则徐还是清吏小司，时以应酬文章换取笔润以贴补用度。半年后，迁入高家寨西边的粉房琉璃街。

果子巷近北口处，有东西向大吉巷，明称“打劫巷”。老北京人买东西觉得昂贵，会说“打劫啊”。因此，这个名字恰恰证明这里曾经集中了许多商铺和娱乐场所。整顿街巷名称时，将其南边平行的羊肉胡同改称“南大吉巷”，此巷改称“北大吉巷”。大吉巷以居住过多位梨园行和曲艺界名人而著称，像著名京剧武生李万春、与梅兰芳合作多年的花脸演员刘连荣、曲艺界名宿白云鹏等都曾住在这条胡同里。大吉巷 22 号是李万春故居，胡同里的 19 号、21 号是由李万春等在 1939 年创办的鸣春社故址。鸣春社培养了鸣、春两科学生二三百人之多，吴鸣申、王鸣仲、马鸣喆等均出自这里。白云鹏故宅在北大吉巷的 3 号，白是京韵大鼓白派创始人。

清朝康熙十年（1671 年），为防止八旗子弟腐化堕落，康熙曾谕“京师内城永行禁止设戏园”。《大清律》中也有“内城逼近宫阙，禁止开设戏园、会馆、妓院”的例禁。由此形成了宣南地区会馆林立，戏园众多的局面。著名京剧科班富连成社原址在骡马市大街以东，从骡马市大街往东北方向是旧京戏园最集中的地方，从骡马市大街往南天桥一带云集着 20 余家戏园。再加上骡马市大街两侧著名的湖广会馆戏楼、安徽会馆戏楼，还有其他众多的会馆戏楼，带动了宣南一带京剧的发展，成了梨园名家的聚集地。据戏曲史专家刘嵩昆统计，这一片曾居住着110位伶人，尤以大吉巷和潘家河沿伶人最多。从最西端的米市胡同算起，曾居住过老生王少楼、小生江世玉、武生米玉文、女旦李玉茹，驴驹胡同有琴师杨宝忠等，大吉巷7号是时慧宝故居，32号（老36号）原房主雪艳琴，杜近芳家住在大吉巷边上，郭春山住在原11号。羊肉胡同住过老生余胜荪、旦角诸如香、旦角乔蕙兰、名丑慈瑞泉等，已拆掉的兵马司后街住过四小名旦之一的张君秋和鼓师鲍桂山，兵马司前街住过丑角李四广、旦角姚佩兰等，扁担胡同曾住过四大须生之一奚啸伯，阎王庙街（今迎新街）曾住过武生孙盛云、净角陈福瑞等，鞑子营（今和平巷）曾住过老生张盛利、武旦宋德珠等，贾家胡同住过老四大须生之一言菊朋、乐师沈玉斌、女丑梁花侬等，潘家胡同曾住过旦角孙怡云等，粉房琉璃街曾是谭鑫培父子来北京后的第一个落脚处。

果子巷北通东西向骡马市大街，这条大街是唐檀州街的外延，金代被圈入中都城内。“前朝后市”，正是中都最繁华的集市之一。沿街西行即著名的菜市口，明清时是京城最主要的蔬菜交易市场。光绪末年，官立广安市场在菜市口西北角开张。民国初年，南北菜行商会成立，把多年自发形成的菜摊进行集中管理，并把菜市口一带的蔬菜牙行一并迁入广安市场内。当时，广安市场的南部临街部分称为前场，以零售方式经营鲜鱼水菜等副食品。位于北部的叫后场，就是当时北京著名的蔬菜批发交易场所广安菜市。1956年，广安市场改称菜市口菜市场。那时菜市场门前，一到清晨，四九城大小菜贩子接踵而来。各种拉菜的马车、排子车、三轮车、洋车、自行车络绎不绝；市场内有荆条筐装的大路菜，也有小席篓装的精细菜；有用扁担搭大秤钩过分量的，也有按件算或按个数计价的；菜贩有看准就买的、有转悠比较的、有讨价还价的，人声嘈杂，热闹非凡；市场西门外同样热闹，卖早点、小吃的摊位比比皆是，锅饼、油饼、烧饼、杂碎、包子、元宵、切糕等一应俱全，街道两侧熙熙攘攘；市场西门对面有一道土墙，后面是个大空场，是专门存放各种车辆的存车处。在市场西门外的右侧斜对面有个水井即“井窝子”，一年四季都有人来挑水、送水，这里也是赶大车、拉骆驼的等饮牲口的地方。每天早上，市场内买卖交易红火，市场外吃喝方便实惠。

明清两代，是北京文化形成和发展的重要时期，当以皇城为中心的内城成为皇家文化集中区域时，外城就日益成为士大夫文化与平民文化的展示地。明刘侗在《帝京景物略》记载：“尝考会馆设于都中，古未有也，始嘉隆间。”清代迁汉民于外城，会馆也向外城西部集中。据光绪十二年的《朝市从载》记载，北京的会馆有 384 座。《顺天府志》记载，北京大小会馆有 414 个。《北京市宣武区志》统计：“至清末民初，宣南地区 170 条街巷中建有会馆 511 处，其中明代 33 处，清代至民国初年 478 处。”这些会馆都分布在南城，除原崇文区约 30 多处外，大部分集中在宣南的胡同里。在一个不大的区域内，密集了如此多的会馆，堪称全国之最。在宣武门外米市胡同 43 号，有康有为故居，从 1882 年康有为来京应试，至 1898 年戊戌变法失败，康有为都住在会馆北跨院中间的院子里。浏阳会馆在米市胡同西侧的半截胡同，分前后院。戊戌变法时谭嗣同曾住在会馆主房北套间，自题为“莽苍苍斋”。南半截胡同 7 号绍兴会馆，是鲁迅第一次来京时的故居，现为区重点保护文物。1894 年，中国在中日甲午战争战败，《马关条约》中割让台湾及辽东，赔款二万万两的消息突然传至，在北京应试的举人群情激愤，台籍举人更是痛哭流涕。康有为、梁启超联合在京应试的十八省举子，在宣南达智桥松筠庵、嵩芸草堂签名上书，吹响了维新运动的号角。据统计，在宣南不到 5.5 平方千米的面积内，以菜市口胡同、上斜街和后孙公园胡同为主的三个街区胡同中，参加上书的人除住在米市胡同南海会馆的康有为、住在粉坊琉璃街新会会馆的梁启超、住在晋江会馆的台湾籍官员叶题雁、漳州会馆的台湾举人汪春源外，还有率先联名上奏的官员谢公祠、萍乡会馆的文廷式。各地大员有南横街、畿辅先哲祠的张之洞、浏阳会馆的谭继洵、宝庆会馆的刘坤一等，成为“戊戌变法”的起点和全民“反割台斗争”的重要组成部分。

以树为名的老胡同

古树是城市的名片，据20世纪50年代初的统计，北京城以树木命名的胡同共计200多条，80年代后期以树为名的街巷胡同还有123条，它们就像一幅幅充满文化韵味的画卷，展示出绿色北京的悠久历史。在以树命名的123条街巷胡同中，以槐柏命名的最多，计38条，占总量的31%，以枣树命名的14条，以椿树和榆树命名的各13条，柳树命名的10条，樱桃树命名的9条，松树命名的8条，桃树命名的5条，棕树命名的3条；此外，还有以葡萄、梅竹、核桃、海棠、铁树、杏等命名的街巷。这些以树命名的街巷胡同，主要集中在北京城的西部，原宣武区74条，占60%；原西城区34条，占28%。

北京有13条以椿树命名的胡同，除原西城丰盛地区有椿树巷外，其他12条都在原宣武区。广外有椿树馆街，广内有长椿街，煤市街有小椿树胡同。宣武门外椿树地区，自南而北顺序排列着椿树上下、头二三条胡同，东侧有东、西、北椿树胡同。1965年以前，王府井大街路东，还有条椿树胡同，因原有大椿树而得名，后将北侧马尾巴胡同并入，更名柏树胡同。

宣武门外的椿树胡同形成于金代，因广植椿树而得名，是北京以树命名最早的胡同。

明嘉靖时，椿树胡同列入南城宣北坊，名椿树胡同三条。清时的汉族官员，多住在宣武门外，随着琉璃厂的兴起，大量外官、举子纷纷住到琉璃厂附近。乾隆三十八年（1773年）开四库馆，修《四库全书》，天下典籍汇聚京城。翰林院的大臣们，每天把所校勘的古籍中，应考证的内容，详细列出书目，到琉璃厂的书店里去寻找资料，椿树胡同自然成为首选居处。与此同时，云集在前门外的名伶也向椿树转移，仅有的三条椿树胡同已无法承受众多住房要求。于是扩充出大、小椿树胡同，还在椿树一、二、三条胡同的基础上，延伸为上、下三条胡同。到光绪年间，椿树已从三条扩充到八条胡同。先后住在椿树胡同的名人，数之不尽。乾隆十九年进士，翰林院侍讲学士钱大昕，住椿树头条胡同；嘉庆六年进士、礼部左侍郎陈用光，住椿树二条胡同；雍正二年（1724年）进士、工部尚书汪由敦，住椿树三条胡同。这些学者还互相唱和，乾隆十二年"博学鸿词"汪沆在《小眠画斋稿集》里的看丁香诗："颇忆前年上巳后，小椿树巷经旬栖。殿春花好压担买，花光浮动银留犁。"一时传为佳话。著名京剧演员住在这里的也不少，与杨小楼、梅兰芳并称"三大贤"的余叔岩，住椿树上二条；"十全大净"金少山，住椿树上二条；名伶江顺仙住东椿树胡同，四大名旦之一的尚小云，住椿树下二条1号；荀慧生住椿树上三条。

北京的柳树很多，每当阳春三月，柳絮纷飞，便成为北京城一道独特的风景线。北京城内的大片柳树，至今留下十多条以柳树命名的街巷，如椿树地区的北柳巷、南柳巷、北柳夹道，陶然亭公园北面的双柳树胡同、双柳树头条、二条、三条；原西城区赵登禹路西侧柳巷，二龙路地区柳树胡同，厂桥地区柳荫街等。在城近郊区，近年来也兴建了不少称"里"的居民区，如左家庄地区的柳芳东里，朝阳区的垂杨柳北里、南里等。难能可贵的，是宋人宇文懋昭所著的《大金国志》里，提到了以柳命名的街名——"南柳街"。

1211年2月，成吉思汗自克鲁伦河发兵南侵金国。12月11日蒙兵前锋顺利到达中都，攻打南顺门。金国守将完颜天骥诱敌深入，在南柳街密设拴马桩，使得蒙古骑兵纷纷落马，无法前进，完颜在巷战中又使用火攻计，纵火焚烧两旁民屋，街狭屋崩倒，北兵死伤甚众，被迫退军。这段历史指明了“南柳街”在南顺门内，可惜在金中都城的12个城门里面，却没有南顺门的名字，这就给寻找“南柳街”带来困难。南柳街的所在地，有可能在皇城柳庄和御道绿柳正南门外、原东西向阳春门至丽泽门大街的南面，今西三环上的“丽泽桥”即源于此。南宋乾道六年（1170年），范成大受命出使金国，其在《揽辔录》中写道：“乾道六年使金，至燕山城外燕宾馆，燕至毕，与馆伴使副并事行柳堤……宣阳门内正北，亦即东、西千步廊之间是御道（又称驰道）。御道两旁有沟，沟上种植绿柳。”范成大笔下丰宜门护城河两岸的柳堤，在今丰台区西铁匠营村北、北凉水河岸边，千步廊御道两旁的绿柳，在今鸭子桥东侧的南滨河路一带。

另有一种可能，“南顺门”指中都城东北子城的南门，“南柳街”或是椿树地区的南柳巷。金朝在中都城的四周，保留有四座辽代建筑的子城。四座子城原位于辽南京皇城四隅，与内城并不直接连接，而是中间由复道相通。复道是指上下各有道路相通的甬道，城上可以行走，在地面夹道中也能通行，这种城也称甬道城或夹城。子城各开二门，一门临子城外，以便出击或退守；一门在夹城内，以通内城。在这次保卫战开始之前，金主卫绍王命京城富室迁入东子城，百官家属入南子城，宗室保西城，戚里保北城，各分守兵两万御敌，充分发挥了子城的作用。完颜天骥指挥的巷战，可能发生在子城。次年十月，蒙古军复至中都城下；十七日，攻内城，金国将士自子城用强弩射之，死者甚众；十二月，蒙古军退兵。1213年春三月，成吉思汗攻入中都城北的子城，久围中都城不下，改道分兵三路攻打山东诸州。1214年春三月，成吉思汗率蒙古军再围中都城，驻跸在中都北郊，最后人困马乏，同意和解。金朝献出公主及金帛、童男女各五百、马三千了事。两次战役，史书上都明确注明发生在城北，如果“南顺门”是中都城东北子城的南门，中都城东北城垣内的“南柳巷”，很可能就是“南柳街”。

南柳巷位于宣南的东北部，南口连魏染胡同。明代属南城宣北坊，名柳巷儿永兴庵。永兴庵供奉观音大士，在今南柳巷45号，寺门朝东，清代称永兴寺。寺门外原有河道，柳树成行。清乾隆京师图，寺前标十间房，原柳巷儿琉璃厂西门北，标为北柳巷。清宣统京师图，寺前十间房改为南柳巷。20世纪40年代末，笔者还在南柳巷东边的梁家园小学念书，在校园西侧还有这段土城，放学以后常与小朋友们爬上去玩耍，传说那是萧太后城，其实它就是金中都的东城墙。2003年，扩建两广大街，在永兴寺前挖下水道，深挖到十米左右时，挖出金朝绳纹砖和近两米长的圆松木，证明该巷确建于金代。清代在南柳巷东侧的铁老鹳庙设立报房，逐步形成报房集中的报房胡同，永兴寺和南柳巷也成为在京销售和批售报刊的中心报市，后废为民居。著名京剧演员李少春和《城南旧事》作者林海音，都曾住此巷。

在北京，以槐、柏命名的38条街巷胡同中，以广安门大街北部，从宣外上斜街、下斜街、经长椿街到槐柏树街地区最为集中。槐柏树街在上斜街、下斜街西部，西起西便门、东至长椿街，包括槐柏树前街、后街、北头条至北十条胡同、南头条至十一条胡同共二十四条，是北京城以树命名最多的街巷。它们的命名，全靠坚忍不拔、顽强挺立在荒原上的一棵古槐和两棵古柏。

在唐宋以前，我国城市中对坊和市有严格界限，唐代幽州城的“市”，在今广安门大街北部的槐柏树街一带，是我国北方著名的市场。在北京房山区云居寺唐代石经题记中，记载幽州城内有白米行、肉行、油行、五熟行、果子行、炭行、生铁行、磨行、染行、布行、绢行、丝绵行、幞头行、杂货行等30余行的商业活动，都集中在“市”中进行。

辽代“城北有市”，继续承袭幽州城的布局，还集中了大量贵族宅邸和著名的寺院。如辽圣宗之女——秦越大长公主，住在今西便门大街以西的棠阴坊，她舍宅建大昊天寺，占地百顷。大昊天寺西北有开泰寺，“殿宇楼观雄壮，冠于全燕”；今广安门内广义街东侧有善果寺，善果寺西北有归义寺，今广安门外天宁寺塔处有天王寺。辽宋楚国大长公主住今槐柏树街一带的显忠坊，她舍左街显忠坊之赐第建竹林寺，竹林寺西有著名的仰山寺。由辽到金，这一带都是繁华热闹、富人居住的高档地区。

但到了清末，昔日繁华已成颓垣残壁。中华人民共和国成立前，这里人烟稀少，异常荒僻，除深沟垃圾外，其他皆坟地、菜园、粪场。东段为深可没人的大车道，坡上仅留有古柏两棵、古槐一棵，由北而南，称槐树馆、柏树馆和槐柏树，向东称高八冈、范家胡同、椿树胡同、闷葫芦罐。当年，全国劳动模范时传祥从家乡逃难来到北京，流落到这里的一家私人粪场，受生活所迫，当了淘粪工，就住在闷葫芦罐旧址。西段曾是清代镶蓝旗驻军营房内的十字街，名东、西、南、北宽街。1954年，政府填沟拓路，密植国槐，在东段兴建市府大楼。1965年，整顿街巷名称时，以古槐柏命名宽街南口处为槐柏树前街；把东西宽街、范家胡同、西长营等合并为槐柏树街；柏树馆、槐树馆、高八冈、椿树胡同等改称槐柏树后街。1984年建成宣武艺园。1990年对原营房地区进行危房改造，建成新的楼群居民小区，称槐柏树街北里和南里。

《寻常巷陌》

有着不寻常的建筑风格，同样的灰砖黛瓦，其中凝聚的是前辈工匠的智慧与汗水，走进老胡同就像是进入了古代建筑博物馆。

正阳门的市井商业区

永乐十七年（1419 年）把北城的南城垣向南拓展后，先后在大明门、东安门等皇城四门外，东四、西四、钟鼓楼及内城各城门外，兴建数千间民房、铺面房，称为廊房，召民居住，召商卖货。其中以正阳门外新建的几条称为“廊房”的商业街最为著名，致使正阳门周围以及南至鲜鱼口、廊房胡同一带，形成了北京最繁华的市井商业区。前门外廊房头条、二条、三条、四条即得名于此。廊房头条到三条，以宫灯和北京特有工艺品为最。大栅栏原名廊房四条，清乾隆年间，为治安需要，又下令北京城内外大小街巷设立门栅栏，廊房四条两端的木栅栏最为高大，大栅栏以此得名。大栅栏内有金店、绸布店、珠宝首饰店、饭店、戏院等 80 多家，其中如马聚源帽店、瑞蚨祥绸布店、内联升鞋店、同仁堂药铺、张一元茶庄、天惠斋鼻烟铺、豫丰烟店等，都在京城久负盛名。老北京流传的顺口溜“头顶马聚源、身穿瑞蚨祥、脚踩内联升、腰缠四大恒”，除四大恒在东四外，都在大栅栏街上。

最繁华的市井商业区

前门大街位于北京的中轴线上，北起正阳门箭楼，南至天坛公园路口，与天桥南大街相连，长 1600 米，行车道宽 20 米。因为正阳门是京师正门，故前门大街一带的比其他大街要宽些。明嘉靖建外城前是皇帝出城赴天坛、山川坛的御路，建外城后为外城主要的南北街道。明、清至民国时皆称正阳门大街，民众俗称前门大街。1965 年正式定名为前门大街。明清两代，在大街两侧陆续形成了许多专业集市如鲜鱼市、肉市、果子市、布市、草市、猪市、粮食市、珠宝市、瓜子市等，逐渐成为街巷胡同专名。东有果子市、肉市、鲜鱼口街、花市大街；西有珠宝市街、钱市胡同、粮食店街、煤市街；东南今东城区，有羊市口街、东晓市街、磁器口大街；西南珠市口大街（原系猪市，名猪市口）、骡马市大街、菜市口大街。附近胡同内随之出现许多工匠作坊、货栈、车马店、旅店、会馆，在前门大街路东开有全聚德烤鸭店、便宜坊烤鸭店、会仙居炒肝店、永安堂药铺、黑猴帽店、都一处烧麦馆、正阳楼饭庄、瑞生祥、九龙斋鲜果店、通三益干果海味店、正明斋饽饽铺等；路西及西里街有永增和钱庄、瑞蚨祥绸布店、天蕙斋鼻烟店、同仁堂药铺、六必居酱菜园、一条龙羊肉馆等。

清代中叶的北京，经济繁荣，全国各地的商帮纷纷来到京城，集中在前门外到大栅栏一带。清代规定，内城只许八旗官吏居住，还规定内城禁止开设戏园不得有文艺场所，那些王府显贵、八旗子弟们只能出城到正阳门外来找玩乐，所以前门外就成为发展戏园的集中地带。有首竹枝词写道：“八大胡同客尚醒，醉生梦死任人评。谁家狎客常居此，公子王孙属不清。”再加上外官转迁，举子科考，外地人流的涌入，使得前门外地区热闹非常。随着商业和文化戏曲的兴盛，北京的戏曲演出场所也发生了很大变化，设有舞台的茶园逐渐取代了宋元以来的勾栏和后来的戏棚，逐渐成为营业性的室内演出场所。据《北京梨园金石文字录》记载，1785 年在梨园碑文中记有北京的戏园只有八家，而到了 1816 年，即三十年后则增至二十一家，扩大近三倍。《都门纪略》记有 19 世纪北京

前门大街位于京城中轴线，北起前门月亮湾，南至天桥路口，与天桥南大街相连。明嘉靖二十九年（1550 年）建外城前是皇帝出城赴天坛、山川坛的御路，建外城后为外城主要南北街道。民众俗称前门大街。 大街长 845 米，行车道宽 20 米。明、清至民国时皆称正阳门大街。1965 年正式定名为前门大街。

最大的九家戏园，这些大戏园都集中在前门外一带。如广和楼在鲜鱼口北的肉市，裕兴园、天乐园在鲜鱼口，三庆园、广德楼、广和园、广乐园、同乐园在大栅栏，中和园在粮食店。

乾隆五十五年（1790 年），三庆徽班进京祝寿演出，在北京舞台上演唱剧目，陆续进京的还有昆曲、京腔、秦腔及皮黄腔等其他各班。

徽剧流行于安徽省安庆一带，早期只用昆弋腔演唱吹腔和拨子曲牌，后来受西秦腔和湖北二黄调的影响，在枞阳（桐城所属的镇）、石牌一带形成一种新腔。应该特别说明的是，1790 年进京的三庆班已不是安庆一带原来那样的地方戏，他们为了在北京演出成功，除采用二黄、昆曲、吹腔、拨子外，还吸收了柳枝腔、罗罗腔等多种声腔和剧目，已经形成了以徽剧为基础、荟萃南北曲调的综合戏班。三庆班演出的剧目题材新颖，剧情感人，演员武打独特，唱念俱佳，特别是他们到北京后，又融合了京腔的字音、秦腔的生活气息、昆曲的身段动作舞蹈音乐，戏班在北京逐渐发展起来。从乾隆五十五年（1790 年）三庆班进京祝寿，到嘉庆八年（1803 年）的十三年间，由于观众对综合戏班的欢迎，除三庆班外，北京舞台上又出现了“三庆”“四喜”“启明”“霓翠”“和春”“春台”等戏班。其中“启明”“霓翠”两台为昆曲班，另外四台因均与徽剧有关，时称“四大徽班”。

徽班在祝寿演出后，照理应该立即回转南方，但京师的繁华、观众的众多、北京的文化氛围，使他们体验到戏曲在这个大舞台有无限的发展空间。于是他们在艺人云集的前门外落脚，居住于粮食店梨园馆，开始了创新之路。前门外的铁树斜街和棕树斜街周围，自然成为各大戏班、勾栏、私寓和八大胡同所在地。1830 年左右，正当昆、徽、京腔并演，群芳融汇之际，湖北的一批汉剧名演员又加入到北京戏曲舞台，引发了京师徽班面貌的变化。这时的京剧已采用北京音、湖广音相结合的舞台语音，西皮、二黄成为京剧的主要声腔部分。在北曲、杂剧、昆曲、弋腔、秦腔、徽剧、汉戏的基础上，并吸收了一些地方小调的精华，结合北京的语言特点，加以融合。经过八百多年的锤炼，京剧在唱词、念白及字韵上越来越北京化，其使用的二胡、京胡等乐器，也融合了中华民族的发明，从前门外这块热土上产生的京剧文化，逐渐演变成全国广泛流行的京剧。

靠人和马走出来的斜街

北京的胡同大多呈东西或南北走向，但受地形影响，比如前门外的西河沿、东河沿，因当时的河流走向形成斜街。不过铁树斜街和周围的几条斜街可是特例，它们全是靠人和马走出来的。铁树产于亚洲南部，别名苏铁、凤尾蕉，性喜阳光充足的温暖气候，只能在北京的花房里生长。但在大栅栏地区竟有以铁树命名的铁树斜街，岂非咄咄怪事。原来这条街在明朝时只称斜街，从未种过什么铁树。到了清朝，有位李姓做铁锅的棚铺很有名，于是就有了李铁锅斜街的名号，拐和锅只是一字之差，到清朝末年便谐音为李铁拐斜街了。李铁拐斜街东北通大栅栏西街、大栅栏街，西南经五道街通虎坊桥，为大栅栏地区交通要道。1894 年，著名京剧艺术大师梅兰芳便出生于此。1949 年前，该地繁华一时，有护国观音寺，留香大饭店、远东饭店，清真饭庄同和轩、同益轩等名号，北京第一家女澡堂润身女浴所也开设在此街，现改名清江浴池。1965 年整顿街巷名称时，改称铁树斜街。

金朝时北京称中都，在今梁家园西部，那时铁树斜街周围还是一片农田。元朝在中都东北营建大都新城，又称北城，原中都城称南城或旧城。永乐十七年（1419 年），拓北城的南墙二里，把南城墙从今长安街南，南移至今前三门一线。由元大都新城修建到明初，住在南北两城的人为通行方便，选择了从骡马市大街、梁家园、虎坊桥到繁华的前门外，由西南至东北的斜向捷径，历经两百多年人走、马行、车轧，到嘉靖三十二年（1553年）增筑北京外城时，已经在这里形成了一系列斜街。

铁树斜街左近，有相互连通的樱桃斜街、杨梅竹斜街和棕树斜街，均为西南至东北走向。樱桃斜街因曾广栽樱桃树而得名，民居65号院原系在京戏曲界人士的群众组织“梨园公会”所在地。该会成立于1936年7月，选出杨小楼、尚小云、于连泉、荀慧生、程砚秋、梅兰芳、余叔岩、谭富英、马连良、高庆奎、王又宸等15人为董事。1956年在此改组成立北京市京剧工作者联合会，京剧名角合作演出义务戏，裘盛戎的《锁五龙》，孙毓堃、李万春、郝寿臣、谭元寿《八蜡庙》，大轴《四郎探母》，马连良、谭富英、奚啸伯、李和曾、陈少霖分扮杨四郎，张君秋、吴素秋饰铁镜公主，尚小云演萧太后，萧长华、马富禄演二国舅，姜妙香演杨宗保，李多奎演佘太君。当时《四郎探母》已多年未演，再加上如此强大的阵容，盛况空前，票早已售罄。笔者那时候上初中，拿不出三块钱买票，再加上每天晚上得在学习小组做作业，也不能出家门。好在和笔者一个学习小组的同学也是个戏迷，两人便偷偷约好回家先把功课做完，晚上就不学习了，守着收音机听实况转播。那天北京的戏迷简直都疯了，出来一位就叫好，演员唱一句也叫好，拉胡琴过门还是好，两人听得不亦乐乎。没想到乐极生悲，不知道谁把这件事告诉了老师，挨顿训不算，还把我们这个学习小组解散了。

杨梅竹斜街，在大栅栏西边，东连煤市街，西通樱桃斜街和东琉璃厂，街北有中药店“雅观斋”，以卖“小儿宝万应散”而闻名。街南有个老字号“东升平浴池”，小时候，父亲经常带我到这里来洗澡。这家浴池既干净服务又好，而我最感兴趣的是浴池斜对面的惠文堂书局和开明书店，每次去的时候都会拉着父亲进去，挑一两本喜欢的连环画册，洗完澡，坐在浴池的床铺上看小人书。

棕树斜街，东北起自大力胡同西口，西南止于石头胡同中段，东南侧分别与棕树头条、棕树二条相交，清代称王寡妇斜街，清末谐音为王广福斜街，1965 年改称棕树斜街。

教坊居集八大胡同

“八大胡同”是老北京“红灯区”遗留下来的一个地理名词，它的具体位置在前门外大栅栏观音寺以南一片地区，娼寮丛处，所谓“八大埠”者。“八埠”指：石头胡同、陕西巷、王广福斜街（现名棕树斜街）、韩家潭（现名韩家胡同）、胭脂胡同、百顺胡同、皮条营、李纱帽胡同（现名大力胡同）。《京华春梦录》记载：“教坊居集之地，俗称八大胡同，实则为数仅六，自南迄北得其二，曰陕西巷、石头胡同；自东迄西得其四，曰韩家潭、百顺胡同、皮条营、王广福斜街”；“胭脂胡同，万佛寺湾，则遗迹仅存，都成私巢。凡此艳间，居正阳之西，环香厂之北，灯火万家，笙歌竞喧，窟号销金，阵乃迷魂矣”。香厂在珠市口西南，今永安路以北，板章路以南。过去有香烛厂，是以香烛集散地为主形成的集市。

金代在杂剧中出现的“锦胡同”“花胡同”，即指此类歌舞伎馆勾栏集中的胡同。《清稗类钞》“京师指妓馆所在之地曰胡同”。证明早期的胡同，确为下层平民聚集的小巷子。北京街巷胡同文化的最大特点是等级分明。金元明清后，北京是皇家所在，等级观念更强，则干脆捅破窗户纸，“京师指妓馆所在之地曰胡同”。

《二刻拍案惊奇·卷四十》——宋公明闹元宵杂剧：

第二折　李师师唱："谁许轻来觑罘罳！须不是闲阶址。花胡同排下个海神祠，破题儿先把君王试。"

第九折　宋江由柴进、燕青陪同，去李师师的行院里饮酒，让李逵和戴宗在门外守候，李逵非常生气道："却教我与戴院长，扮作伴当，跟随在门外坐守。这可是俺耐烦的？不要恼起俺杀人放火的性子来，把这家子来杀个罄尽！〔北双调〕〔新水令〕看长安灯火照天红，似俺这老苍头也大家来胡哄。恕面生也花世界，少拜识也锦胡同。偌大英雄，偌大英雄，替他每守门阑，太知重！"

元代贾仲名在《金安寿》记载："两下春心应自懂，怜香惜玉，颠鸾倒凤，人在锦胡同。"花胡同、锦胡同均指妓馆。

辽金时的妓馆，与今广安门大街至菜市口一带商业和杂剧发展中心密切相关。元至明初，实行两城共管制，在大都新城和旧城的关厢之间，形成了文化交流和人货往来的繁华之地。到嘉靖朝，增建外城，把两城之间的关厢地带和旧城大部分圈入。嘉靖三十九年（1560年），张爵编写《京师五城坊巷衚衕集》时，正阳门外西河沿至猪市口以西，已有斜街、王皮胡同、石头胡同、皮条胡同、陕西巷、外郎营等教坊居集地。到了淸乾隆时，这里已形成大栅栏商业区，人口更加密集，外地人员往来不绝。很多无名胡同，也因妓院业务繁忙，有了隐讳的名号。在观音寺街南，分出樱桃斜街和李铁拐斜街；外郎营变为大、小外廊营；皮条胡同扩展为东、西皮条营；还增加了王寡妇斜街、胭脂胡同、万佛寺湾、百顺胡同、小李纱帽等胡同。

所谓八大胡同者，"八大"是虚指，其实该地区至少有十五条胡同属于此类。清朝末年北京民间曾经流传一首打油诗：

八大胡同自古名

八大胡同自古名，

陕西百顺石头城（陕西巷、百顺胡同、石头胡同）。

韩家潭畔弦歌杂（韩家潭，现名韩家胡同），

王广斜街灯火明（王广福斜街，现名棕树斜街）。

万佛寺前车辐辏（万佛寺系一小横巷），

二条营外路纵横（大外廊营、小外廊营）。

貂裘豪客知多少，

簇簇胭脂坡上行（胭脂胡同）。

这首打油诗里，没有前面提到的大李纱帽胡同和小李纱帽胡同。另外，还有“十条胡同”之说，即王（王皮胡同）、蔡（蔡家胡同）、朱（朱家胡同）、百（百顺胡同）、柳（谐音：留守卫）、石（石头胡同）、广（王广福斜街）、火（火神庙夹道）、燕（燕家胡同）、纱（小李纱帽胡同）。从广义上说，八大胡同指从铁树斜街以南，珠市口西大街以北，南新华街以东，煤市街以西这一大片区域内的诸多胡同。过去北京的妓院按等分级，一、二等为高级妓院，又叫“堂”和“大地方”。“八大胡同”里的头等和二等妓院较为集中，每家门前有块小金字招牌，上书堂名如“春福堂”“盛安堂”，或再加上姓氏于堂名之下。《清稗类钞》：“有好事者赋诗以记之曰，‘六街如砥电灯红，彻夜轮蹄西复东。天乐听完听庆乐，惠丰吃罢吃同丰，街头尽是郎员主，谈助无非白发中。

除却早衙迟画到，闲来只是逛胡同。’盖天乐、庆乐为戏园名，惠丰、同丰京馆名（饭庄），而胡同又为妓馆所在地也。”在老北京，胡同被指为妓馆所在地，有人偏要说胡同是水井，岂不是南辕北辙了吗？

民国时，在北京的各城区都有妓院，唯独前门外较为集中，且连片经营。除公开营业的妓院之外，此区域内还有无照的暗娼及游娼。据北京市公安局调查，1949 年在延寿寺、施家胡同、掌扇胡同、虎坊桥等 12 条胡同有暗娼 17 家。以旅店为活动地的游娼，大栅栏地区在民国时包括惠中、撷英、国民、光明、春华、留香、远东等大饭店，中美、林春、中西、庆安、玉华、云龙等中等旅馆，杨柳春、悦来、永裕、华北、新丰、金顺、大同、大兴、大生等小客店计 110 家，有 100 多游妓出没。民国时在“八大胡同”以南的天桥地区也存在大量的暗娼，如大森里、莲花间、四圣庙、花枝胡同、赵锥子胡同、金鱼池大街、蒲黄榆的黄花楼，还有朝阳门外的东三里、神路街，这些都是二、三等妓院所在的区域。此外，小观胡同（今前门外好景胡同）、西兴隆街、磁器口新生巷、培乐匠、西南门外黄土坑等，曾是四等妓院的聚集地。

在八大胡同周围，也是优伶、男妓、像姑居处。封建社会里的梨园行，人们称之为“戏子”，属“三教九流”的“贱业”，谓“娼优并举”，这与“堂子”之风气有关。当时梨园界大都住在南城的“八大胡同”一带。徽班进京下榻于韩家潭、百顺胡同，此后四喜、春台等戏班相继来京，分别住在百顺胡同、陕西巷和李铁拐斜街。老北京俗语称：“人不辞路，虎不辞山，唱戏的不离百顺、韩家潭。”《清稗类钞》中记载：“伶人所居曰下处，悬牌于门曰某某堂，并悬一灯。客入其门，门房之仆起而侍立，有所问，垂手低声，厥状至谨。”社会上，那些以戏子为玩物者，经常到堂子里找男旦陪酒取乐。《梦华琐簿》中记载：“戏园分楼上、楼下。楼上最近临戏台者，左右各以屏风隔为三四间，曰官座，豪客所聚集也。官座以下场门第二座为最贵……”开戏之前，戏园子有“站条子”或称“站台”的恶习。主要男旦扮好戏装站立台口让“老斗”即指嫖客们评头论足。一旦在台上看到相识的老斗，他们就会眉眼传情，作姿作态，并且还会直接下台前去侍候。

民国九年（1920年），《顺天时报》刊印日人听花的专著《中国剧》里写道：“像姑俗呼相公，乾隆初兴之于北京（天津也有，品格至卑），专以侑酒鬻色为营业。自道光至光绪中叶，营业最盛。相公年齿，多在十二三岁以上，二十岁以下，十五岁前后者最多。眉目清秀，宛如处女。其住所曰私寓，或称堂子。向在前门外韩家潭附近。操是业者，有时登台演剧，其不善歌舞者，则每日侑酒陪客而已。其性质与娼寮殆无异也。当时王公富人，为之惑溺者，颇属弗鲜……今日名优中，如时慧宝、王瑶卿、王凤卿、朱幼芬、陈葵香、梅兰芳、姜妙香、王蕙芳等，均系私寓出身，亦像姑时代之杰出者也……”所幸梅兰芳适逢“堂子”走向衰败的时期，使他避免深入“歌郎”一途，而进入了演艺界。

“文化沃土”琉璃厂

琉璃厂，辽代时“京东燕夏乡海王村”。乾隆三十五年（1770年），工部郎中孟澔指挥窑工在琉璃窑厂取土，挖出辽御史大夫李内贞的墓葬，墓志铭石上记载李内贞于“保宁十年（978年）六月一日薨于卢龙坊私第，享年八十。其年八月八日葬于京东燕下乡海王村”。这说明，琉璃厂在辽时是城外郊区的“海王村”，琉璃厂东街路北的海王村公园即得名于此。海王村是个范围相当大的散列型村落，1951年，在东单御河桥出土的唐《桑氏墓志》记载：元和八年（813年）“十一月十七日卜葬于幽州城东北五里燕夏乡海王村”，其地域可达东单一带，距今已一千两百年。

元代，在这里建有琉璃窑厂。明永乐四年（1406 年）前后，营建北京城，其间需要大量建筑材料，除全国征调，也在北京生产。为此建立神木厂、大木厂、琉璃厂、黑窑厂和台基厂，时称“五大厂”。琉璃厂由宫内太监掌管，有时兼派工部郎中分掌各职，专为宫殿、寺庙等烧制琉璃构件。清循明制，《大清会典》载：“琉璃窑监督，满洲一人，汉一人。”当时的琉璃厂由官方开办，设有官署。琉璃厂由此得名，至今大致也有600 多年历史。

琉璃厂全盛时期，北起西河沿，南至庄家桥（章家桥，今臧家桥）及孙公园，东迄延寿寺街及桶子胡同（筒子胡同，今桐梓胡同），西达南、北柳巷。明、清两代，在今北新华街和南新华街一线，是条重要的城市排水干道。民国年间，开辟南、北新华街，将明沟改为暗管，并在内城墙上开通两个拱形券洞以通南北道路。门洞高 13 米，宽 10 米，各装两扇铁门，初名“新华门”，1927 年改名“和平门”，以区别中南海的新华门，张作霖时曾一度更名为兴华门。1958 年将门洞拆除，改为豁口。南新华街南端路东有臧家桥胡同，桥位在该处西口外，东西向横跨虎坊桥明沟，明称章家桥，清代中叶又称庄家桥。到了乾隆年间，沙土园西口至堂子街西口的水道已改为暗沟，称北河暗沟和南河暗沟。自清末至今，始称臧家桥。20 世纪 60 年代，改称臧家桥胡同。臧家桥附近的韩家胡同，原有河道和潭坑，旧称韩家潭，清代至民国间，曾列入“八大胡同”。虎坊桥原名虎房桥，清代改房为坊，因明代于桥西路北设虎房以豢猛虎，明沟上有东西向通往虎房的桥梁故名。南新华街段的排水，由虎坊桥明沟向南，通到先农坛西北的一片苇塘，东折穿过前门大街上的天桥，沿天坛北侧，绕到天坛东侧，经左安门西水关注入外城的南护城壕。虎坊桥西南，有潘家河沿，清代中叶已无河，今名潘家胡同。

“厂甸”全称“厂甸春节集市”，是北京特有的“春节文化集市”。最初厂甸叫“光厂”，又称“厂店”，源于明清时的灯会。明代的灯市，初在今东城区的灯市口。嘉靖年间，为皇宫的安全，灯市移到琉璃厂、花市及正阳门外等处。康熙十八年（1679年），慈仁寺遭地震破坏后，以书籍文玩为特色的庙市移到琉璃厂。琉璃厂有个火神庙，每年正月初三至十六日，庙会兴旺。附近的真武庙、延寿寺等古刹也在这段时间开庙。官办的灯市加上寺院的庙会，“厂甸”便成了在京城人春节生活中一大重要内容。到了乾隆时，文化街的兴起，更让“逛厂甸”变成北京人岁首的一种特殊聚会和别具一格的文化娱乐活动。更添节日情趣的是，厂甸汇聚了北京及近畿著名的民间手工艺品。如“噗噗登”、琉璃片、玻璃鱼缸等琉璃制品，风筝、空竹、泥人、面人、剪纸、绒花，竹木制的刀枪剑戟、大花脸面具等儿童玩具、铜响器及箫笛胡琴等乐器，以及艾窝窝、驴打滚、年糕、茶汤等反映北京民俗文化的各种民间传统小吃。最著名又最通俗的是“大糖葫芦”、山里红串的“大佛珠”和大风车。老北京人过年时谁家屋门外不摆出这三样东西，就不算逛过厂甸。据《帝京岁时纪胜》记载，乾隆时的厂甸，“每于新正元旦至十六日，百货云集，灯屏琉璃，万盏棚悬；玉轴牙签，千门联络，图书充栋，宝玩填街。更有秦楼楚馆遍笙歌，宝马香车游士女”。据1931年春节厂甸大略统计，有商贩一千余户，其中古玩玉器三百余户，玩具类两百余户，用品类一百余户，其他两百余户。1963年的厂甸规模最大，货摊从和平门护城河桥头，一直摆到虎坊桥十字路口，游人高达400万人次。

厂甸一般是从旧历的正月初二营业到正月十六，共十五日。除了琉璃厂自身的店铺外，在这里的空场和街巷胡同两旁，还搭起了许多彩棚。和一般集市庙会不同的是，厂甸以经营书籍、字画、古玩文物、纸墨笔砚等为主，因而被称为“文市”。清代的汉族官员，多住在宣武门外，孙承泽、纪晓岚、朱彝尊、程晋芳等就住在琉璃厂附近。原宣武区一带的会馆，占了北京会馆总数的三分之二，大量外官、举子汇聚在琉璃厂附近，他们对书籍和文化用品的需求，促使这里的书业和相关行业兴盛起来。乾隆三十八年（1773年）开四库馆，修《四库全书》，天下典籍汇聚京城。浙江一带的五柳居、文革堂等书商，纷纷汇聚到京城。翰林院的大臣们，每天把所校勘的古籍中应考证的内容，详细列出书目，到琉璃厂的书店里去寻找资料。当时，编修们到琉璃厂书店寻检书籍、字画、文物等，形成了一个特殊的街景。其后200多年，文人学子来琉璃厂文化街逛书店、购买字画、古董文物等，依然相沿成风。出现了荣宝斋、宝古斋、博古斋、邃雅斋、来熏阁、松筠阁等一批著名的老字号店铺。

荣宝斋创建于清康熙十一年（1672年），其前身为松竹斋，光绪二十年（1894年），取“以义会友，荣名为主”之意，更名为荣宝斋，至今已有300多年的历史。荣宝斋专门经营字画，书画装裱和木版水印画为其两大“绝活”，其中，尤以木版水印为最。木版水印是中国特有的一种古老的手工印刷技术，迄今已有1000多年的历史。荣宝斋木版水印画的制作过程，可分为用笔勾描、木版刻版、水墨印刷三步。制作时，先由技师细心研究原作的艺术特点、笔法、原料和颜色，然后结合原画中用笔着墨用色的层次及所占面积来分色分版，按原作中不同色调、不同墨色分为不同套版，再依分好的套数，用墨线勾圆在一张张透明的燕皮纸上；接着把透明纸粘在木版上进行雕刻；各个套版雕刻完毕后，便可依次套印成画，印刷时要用与原作一致的纸、绢、墨、色等材料印刷作品。一幅简单的水墨画，一般都要刻二三十套版，经四五十印次之多。利用这种方法印制出来的作品，再以传统的装裱艺术进行装饰，其成品可以达到乱真的地步。

宝古斋古玩铺原名“赏古斋”，清光绪初年，由高丽营人张之勋创建。它的匾额由清咸丰年间状元、光绪皇帝的老师、曾任工部尚书的翁同龢题。宝古斋以收集古代名家真迹，考证真伪、估量价值，恢复、修裱为主。博古斋是北京大兴人祝晋藩（字锡之）

于清朝咸丰年间创建的。早期博古斋以经营古旧字画、金石玉器、揭裱字画及古玩鉴定为主。在老北京古玩行中，博古斋自成一派，曾培育出许多鉴定文物的人才。博古斋的历任经理中，后来自立门户的孙虞臣与赵佩斋合伙开了茹古斋；其后，赵佩斋创建了大观斋；孙虞臣的侄子受家学影响，又创建了式古斋。式古斋的金石印章，大观斋的铜瓷杂项，茹古斋的字画瓷器，博古斋的碑帖、金石、字画等，都各具专长。

到琉璃厂文化街淘金、攻读钻研的文化人，从清乾隆以来就不乏学界名人，如从纪晓岚、林则徐、王懿荣、吴大微，到康有为、谭嗣同，再到沈钧儒、朱自清、鲁迅、周作人、胡适、郑振铎、郭沫若、马衡、罗振玉、邓之诚，著名书画家齐白石、张大千、于右任、陈师曾、林琴南等，还有老舍、邓拓、吴晗、廖沫沙等。据《鲁迅日记》记载，他在1912年至1926年居京的十余年间，去琉璃厂就有480次之多，并详尽记录下到琉璃厂购买的书籍、文物及碑帖。钱玄同、刘半农等人称琉璃厂书摊为“安身立命”之所，正是凭借着琉璃厂的书籍和书商，他们才得安学问之身立学问之命。

琉璃厂还是贫苦学生的免费图书馆。邓之诚先生在《文化古城旧事》中说：“……其他书店也是一样的，东安市场、西单商场那些书铺也都是如此，你尽管天天去，天天站在书架边抽出书来看，看上多半天，铺子里的伙计也还是和颜悦色地接待你。你看三天书，偶然买一本，这就是熟主顾了。”琉璃厂开了北京书店看书风气之先，并影响到北京书业文化的形成与繁衍。

引进西方文明的留学路

清朝末年，朝廷拟开辟南北新华街的马路，在南新华街堆积了大量建料，致使每年

留学路原名牛血胡同，因此地多宰牛户而名。1914年，以牛血胡同谐音雅化为留学路。

一度的厂甸无法举行，决定暂时把厂甸由海王村公园迁到香厂。从此香厂每年正月，商贩聚棚，丛集于此，更加热闹。民国以后，北洋政府继续在这里翻修马路和新兴建设。《京都市政汇览》载："当查香厂地区虽偏处西南，而自前朝之季已为新正游观之区，一时士女骈集，较之厂甸或因过之，且可验位置之适宜，人心之趋向，遂于民国三年悉之计划着手进行。"这一带的道路，因属新型街道，为区别以前的老街巷，则冠之以"路"和"里"。牛血胡同东支原名高爵街，又称高台阶，曾建有湖南巴陵会馆。1914 年，北洋政府成立"京都市政公所"，合并牛血胡同和高台阶两巷，以牛血胡同谐音雅化为留学路至今。

牛血胡同在西珠市口大街南，天桥街道东北。南起永定路，北至珠市口西大街。明朝时，因此地多宰牛户而名牛血胡同。张爵《京城五城坊巷衚衕集》："正南坊，四牌二十铺"，就有"猪市口、厨子营、牛血胡同、宝鸡巷"等，是人来人往的繁华所在。清因之，俗称牛油胡同。左近有香烛厂，简称香厂，南抵先农坛，西至虎坊路，当时是以香烛集散地为主形成的集市。清乾隆时，在元末明初的南北两城之间，已形成大栅栏商业区，人口更加密集，外地人员往来不绝。"胭脂胡同，万佛寺湾，则遗迹仅存，都成私巢。凡此艳闾，居正阳之西，环香厂之北，灯火万家，笙歌竞喧，窟号销金，阵乃迷魂矣。"其范围，往南可达金鱼池和陶然亭，《侧帽余谈》中记载："距永定门不远，有亭曰'陶然'，为汉阳江水部所建……亦红尘世界也。好游者预飞笺订客，招邀小吏，携具前往，征歌斗酒，做半日欢。"南妓赛金花到京后，住在刑部某后街，晚年住在香厂路旁的居仁里，死后葬于陶然亭。

对留学路周围的建设，市政公所可谓下足了功夫。先是修建香厂路、华严路、永安路、大川路、留学路、永定路、虎坊路、阡儿路等十四条马路，继而修整便道，建设西式洋楼。一些官僚政客和商人，也凭借手中的权钱势力，把西方的娱乐文化和上海的经营项目引入北京。1916 年，政府将厂甸庙会移到香厂后，河北武清人陈光远便在香厂购置了一块地皮。陈曾在江西做官，狠发了一笔横财，由英国人包工在此地建造了一座外形很像一艘轮船的五层大楼，即新世界游艺场。第一层是“小有天饭店”和京剧剧场，“小有天饭店”专卖南北大菜，京剧剧场由坤角组成的“崇雅社”演出。早期京剧没有女演员，1916 年 8 月，梆子演员田际云在北京成立崇雅社，是北京第一个招收女性的戏剧科班。开班之初，有女艺徒 57 人，兼授京剧和梆子戏，演员中有孟小冬、苏兰舫、金凤奎、张玉凤等。在新世界游艺场开幕的当天，观众多到把座椅都踩坏的地步，甚至影响其他剧场的卖座儿。二楼是电影院和杂耍馆，电影院专演各国电影，杂耍馆表演魔术、曲艺、相声。三楼由当时的名妓演唱各种词曲。四楼为吉士林西菜馆。五楼是屋顶花园，建有亭台楼阁，可以远望西山和北京饭店。楼下设有四面新奇的“哈哈镜”，映出的人或胖或瘦或高或矮，招徕了大批游客。《顺天时报》连续刊登开幕的广告：“入门券每位铜圆三十枚，中餐券每位大洋半元，西餐券一元；各种游艺随便入览，不另收费”，生意火爆异常。

1918 年，国会议员彭秀康，也想搞个像上海大世界的游乐场所。他遂以个人名义出面，和朋友买下天桥三角市场迤西的一大片空地，在今友谊医院的位置上建起城南游艺园。游艺园大门坐南朝北，园内有旱冰场、地球场、弹子房（台球）、京剧场、文明新戏场、电影场、杂耍场、魔术场、木偶戏场等。门票二角，购票后从早到晚可任意观看各种游艺。这里的京剧演员都是坤角，无论主角底包或打旗的全是女的，20 世纪 20 年代初露头角的坤伶碧云霞、琴雪芳、金少梅、雪艳琴、李慧琴、程艳芳等，均在游艺园唱红。

新世界、游艺园等建成后，成为北京首先引进西方文明的模范地区。有竹枝词道：“香厂翻成新世界，如云仕女杂流民。五居楼阁冲霄起，戏馆茶寮百味陈。”张恨水审定的《老北京旅行指南》中也说：“民国七八年间，新世界、游艺园等相继开设，一时顿呈繁华气象。”可惜好景不长，不久新世界发生游客自杀坠地事件，城南游艺园也因剧场倒塌砸死观众招来讼事，于是怨声四起。随着国民政府南迁和“九·一八”局势紧张，这两处游艺场相继以停业告终。目前，留学路巷内，除有少量单位外，主要为居民住宅。

从留学路往南，在先农坛与天坛北墙外一带，就是曲艺杂技集中地天桥。元、明两代曾有河道，并建有汉白玉单孔桥，以明清帝王去天坛、先农坛祭祀之路，故称“天桥”。清末拓宽马路，桥被拆除。清道光、咸丰年间（1821—1861 年），这一带有不少流动摊贩和艺人撂地献艺。因朝廷不对这里征捐税，促进了当地商业及游艺业的发展。

光绪年间（1875—1908 年）京汉铁路建成，设车站于永定门外，南来北往必经此地，天桥更加繁荣。先后开辟了公平市场、三角市场、先农市场、西市场、东市场、城南市场等，是老北京最大的平民市场。场内茶肆、酒楼、饭馆、商摊、各类曲艺演出场所和武术杂技场相继建立。清末至 20 世纪 40 年代，地处天桥的室内曲艺场所有：福海居、五斗居、同合轩、同乐轩、海顺轩、西华轩、雅园、六合茶楼、长美轩、劈柴陈等书茶馆；合意轩、楼外楼、天外天、藕香榭、德意轩、水心花亭、春园、德昌茶社、二友轩、环翠轩、绿香园等坤书馆；爽心园、春华园、天华园等杂耍园子，成为北京曲艺和杂技的一个集中场地。

北京曲艺包括的曲种很多，有相声、数来宝、双簧、北京琴书、梅花大鼓、单弦、评书、京韵大鼓等。明末清初，北京的曲艺说唱艺人一般在市场、庙会，或走街串巷在街边明地作场，或登堂入室献艺。清道光、咸丰年间（1821—1861 年），随着京剧的兴盛，曲艺活动也异常兴盛起来。由于清代明令北京内城不得开设娱乐场，所以设在前门外的茶馆、宣武门外的一些会馆戏楼庭院、位于先农坛东和北坛根的天桥、市内定期开放的庙会，就成为曲艺的活动地。据1930年2月14日《北平日报》载《天桥调查》："占地二十亩。共有各行各业的店铺和摊贩七百七十三户，其中正式领有牌照者三百三十四户，计……大小戏园九个，坤书馆七个。临时设摊四百三十九户，计……游艺杂技摊六十二个。"20世纪30年代末至50年代初，相声艺人侯宝林、罗荣寿等，单弦牌子曲艺人曹宝禄等，铁片大鼓艺人王佩臣、郭筱霞等，数来宝艺人高凤山、拉洋片艺人小金牙（罗沛霖），竹板书艺人宋相臣，西河大鼓艺人王艳芳、蔡金波、刘田利、金福琴、彭素海、郝林集，北京琴书艺人关学曾，梅花大鼓艺人花莲宝，滑稽大鼓艺人"架冬瓜"（叶德霖），京韵大鼓艺人方红宝、孙书筠等，莲花落艺人关德俊、关金凤、全凤池等，河南坠子艺人马忠翠、李雪芳等，评书艺人陈荫荣（说《隋唐》）、李鑫荃（说《雍正剑侠图》）等都曾在天桥献艺。民国二十六年（1937年）七七事变后，天桥市场范围日逐缩小。50年代废止市场渐改为居民居住区。1957年，天桥各类演出大部分停歇。

2009年，北京市出台《促进城市南部地区加快发展行动计划》，明确要打造天桥演艺品牌。2011年，《北京市国民经济和社会发展第十二个五年规划纲要》将"天桥演艺区"建设纳入北京市重点产业项目。2015年11月，天桥艺术中心开业，标志着天桥演艺区正式对外亮相。

《秋花也恋旧时家》

一个拆去屋顶的门楼，支离残破，橙色油漆显得和别人家门儿的颜色不同，门板上有明显修补和加固的木条，旁边的残墙上是由灰砖和红砖的碎砖头混合砌成的残壁，看来拆除是必然的。最让人难忘的是门前那株丝瓜，在中秋还开着醒目的黄色花朵，成了画面的点题之笔。

崇文门外漕运街巷

从前门大街南北一线向东，属崇文区（今划归到东城区）范围。境内街巷从明代开始形成，经清、民国至今，不断地演变。这里原是蓟城的东郊，地势较低，区内多河道，古来便是南北水运和城市排水的必经之地。

嘉靖三十二年（1553 年），因边情紧急，修筑外城。除前门大街、崇文门外大街等主要街巷外，区境内未能进行很好的规划，便匆忙圈入城内。此后区内河道逐渐成为明清外城的排水沟渠，民居依河道而建，致使这一带拥有大量的斜街以及与河道有关的街巷胡同。直到中华人民共和国成立前，在崇文门外东侧还留有北河岸、上北河岸、东后河沿、西后河沿，西侧有南河岸、东河沿等与河有关的街巷名称。至今尚存的，有崇外西南的三里河、龙须沟、金鱼池、北深沟（今名北深沟胡同）、南深沟（今名南深沟胡同）、西薛家湾胡同（今名薛家湾胡同）、西湖营（今名西湖营胡同），东花市地区的北河漕（今名北河漕胡同）、东河漕（今名东河漕胡同）、炕儿大院（今名炕儿胡同），天坛左近的南水道子、后池北口、南口、东口（今统称水道子胡同）、叠道子（今名叠道子胡同）、苏家坡（今名苏家坡胡同），体育馆路地区的南河漕（今名南河漕胡同）、西河漕（今名西河漕胡同），龙潭地区的北水关、石道嘴（今统称广渠门北水关胡同）、南水关（今广渠门南水关胡同）等成片以河为名的胡同，成为本区一大特色。

古代的交通没有今天这样发达，所以水运便成为最经济的交通方式。辽金时期，北京作为陪都和都城，“朝祭之需，官之禄，主之廪，兵之响”都要靠产粮区供给，通过海运或内河航运到北京。所以，历代帝王都把疏浚水道，提高漕运能力，当成朝廷的命脉，极其重视。

辽代，从通州张家湾北运河码头到南京城东垣，有萧太后运粮河。漕船从通州斜向西北，经左安门附近的八里庄，上溯龙潭湖，向西经陶然亭、南横街南部的大川淀、小川淀，抵达城东。这条河的上源，是西直门外高粱河南支和玉渊潭洼水。明代修建外城时，龙潭湖一带已成为典型的湿地，因地面低洼，地下水极其丰富，长期积水不干，筑城非常困难。于是，本应顺直的南城墙不得不躲开水面，在南城墙的东段与东城墙的南段，建成曲拐状。直到新中国成立前，这一带人烟稀少，大部分是农田菜地、义园墓地以及芦苇丛生的坑塘，坑塘西部有龙须沟污水经这里排入南护城河。1952 年挖建坑塘为东、中、西三个人工湖，因与龙须沟成首尾之势，著名建筑学家梁思成建议取名龙潭湖。后在东湖建成龙潭湖公园，中湖为北京游乐园，西湖为龙潭西湖公园，三园总面积 1758 亩，其中水面 596 亩。现在湖周围的荒地上，陆续建有龙潭北里、安化楼、夕照寺、幸福楼等居民小区。龙潭路、光明路、夕照寺街、广渠北水关胡同、广渠南水关胡同等连通其间。

中都城建立后，北京成为金朝国都，市郊人口从 30 万猛增到 100 多万，仅有的萧太后运粮河已无法负担日益繁重的漕运任务。大定十年（1170 年），在北京水利史上第一次从石景山麻峪村东引永定河水，在金口设闸控制。水流经劳山、八宝山北、玉渊潭，南折中都城北护城河，向东流经今嘎哩胡同、旧帘子胡同、人大会堂南、历史博物馆南，沿台基厂三条、同仁医院、北京火车站，出东便门，经通惠河到通州北入北运河，成为北京通往北运河的最径直的路线。泰和四年（1204 年），为解决永定河泥沙过大问题，改引高梁河清水为水源，又在中都至通州的漕渠上设闸五座，以调整东西过大的落差，史称“闸河”。1292 年间，负责元大都新城水利的都水监郭守敬，在“闸河”的基础上，从积水潭修水道经什刹海、中南海、北海，由皇城东侧南流，东南至今崇文门北的文明门，向东到通州八里桥后进入北运河。至此，南方北上的漕船可直达北京城内，使积水潭出现“舳舻蔽水”的景象，被忽必烈命名通惠河。

明永乐年间迁都北京，向南扩张南城墙，位于大都城外的通惠河部分河段被包入城内，这一段航道也被埋入地下成为暗河，此后，由通州来的漕船只能到达东便门外。过了一段时间，东便门至通州段的水量不济，漕船无法进京。嘉靖七年，御史吴仲上疏修浚通惠河。六个月后，把通州码头由张家湾移到城北新修的石坝大光楼，南来的漕船在新码头经官员验收以后，可转到通惠河的泊船上运进京师。据统计，每年过往漕船达 12143 只，运量 250 万石，通惠河再次成为明清两代漕粮到京的重要通道。但是，受北方冬季冰冻期的限制，这段河道主要在夏秋两季进行漕运，清末开通铁路，通惠河开始衰落。民国初年建都南京，漕运彻底被停。

北京的漕运历经几代变动，到明永乐迁都北京后，受原城壕填塞影响，崇文门外的河道逐渐淤积。明正统年间，筑坝蓄水，重新修浚南护城河，利用元代文明河的古河道，在正阳门东护城河的低洼处向南开通壕口以泄雨水。因壕口距崇文门外大通桥约 3 里，文明河遂改名三里河。至今崇文门西河沿中部，有南、北深沟胡同，这两条胡同原名深沟口，本是三里河的一条支流，清代已无水。民国年间，以打磨厂为界，分为南、北深沟，中华人民共和国成立后始加通名“胡同”。

三里河的主干道，从正阳门东南经今前门外西打磨厂西口，北晓顺胡同斜向东南。

在鲜鱼口与晓顺胡同相交处的东侧，原有一条东北向小胡同直抵长巷头条，明至中华人民共和国成立前称小桥儿，因有横跨三里河旧河道的东西向小桥而名。清光绪年间，河道已成平地，桥也不存。20世纪60年代，小桥儿胡同并入鲜鱼口街。三里河从小桥下经北桥湾胡同，流入芦草园，到北桥湾经三里河桥下流经薛家湾、水道子、河泊厂、缆杆市、南河漕、三转桥等地，转向东南经八里河、十里河流向张家湾、烟墩港并入通惠河。今珠市口东侧有略向东北的斜街，原名东珠市口，清名小市街，明称西三里河。由西三里河向东，过三里河桥后路转向东南，名东三里河，在蒜市口与崇文门外大街相交。元大都城是座土城，夏季城墙需用芦席覆盖防雨，便在芦苇园集中收储芦苇，明代改称芦草园，这一带仍是城防物资储备积存地，现在东北西南向的草场头条至十条胡同，即为当年积草场地。乾隆年间，这些水道中还能通水。以后三里河水道日益淤塞，清初河道完全干涸，除金鱼池尚有蓄水外，原三里河一带尽为街道屋舍，形成三里河、草场、薛家湾、水道子、河泊厂、缆杆市、南河漕等一系列弯曲的斜向胡同专名。

明、清两代，今和平门外的南新华街也是条重要的排水道，水道经虎坊桥明沟一直向南，汇入先农坛西北的苇塘。接着就折向正东，穿过前门大街，沿天坛的北侧，绕到天坛东侧，经左安门西水关注入外城的南护城壕。在正阳门大街与这条水道交会的地方，原有一座石桥。石桥建于永乐十八年（1420年），南北方向跨于水道之上。因此桥是皇帝去天坛祭天的必经之路，故称天桥。东西向水道被天桥分为左右两部分，名天桥东沟、天桥西沟，俗称龙须沟。在天坛北坛根龙须沟北岸，过去分布着许多小的湖泊。旧志载：池上有殿，榜以瑶池，四周种植了许多柳树，称“鱼藻池”。此处是金、元、明、清直至民国时期的饲养金鱼之地，人称“金鱼池”。附近居户以培育金鱼为业，数十亩池塘星罗棋布，培育出许多优良的金鱼品种，然后到市场上出售。史载，金鱼池一带曾有不

鲜鱼口，东西走向，由前门大街进口一直到东口崇文门大街。

少达官贵人的园亭楼阁，明代武清侯李伟的新园，就是其中很有名的一座，他把三里河的水引入园中，园内有鱼池，可以泛舟。到了民国初年，金鱼池一带日益衰败，污水泛溢，疾病蔓延，成为旧北京有名的贫民窟。20世纪50年代中期，填平湖面，盖起楼群，建成新的居民区。今金鱼池东街、金鱼池中街、金鱼池西街即为原金鱼池旧址所在。

明代的北京城，商贸集市在前门和崇文门外已相当发达。崇外三里河以北人口骤增，形成街巷胡同。沿街巷出现的集市、商店、客栈、摊点、作坊不断发展扩大，受河道等地理环境和人文因素的影响，在鲜鱼市、花市、油酒市、药市、磁器市、铺陈市等地云集。清代，许多工艺美术作坊闻名遐迩，集聚了四五十个手工业行业，数百个作坊。20世纪50～60年代，北京传统的工艺美术生产企业，如玉器、珐琅、象牙雕刻、骨刻、料器、绒鸟绢花、宫灯、木刻、花丝镶嵌、剧装道具等厂家，全部或大部集中在这一地区，被誉为“工艺美术的发祥地”“特种工艺的摇篮”。

在前门大街东侧，有条与大栅栏齐名的鲜鱼口，明代称鲜鱼巷。因附近渔民在三里河打鱼，运到巷里来卖而名。以后三里河的水流减少，上市的鱼也大量减少。清代中后期三里河水道干涸，发展成店铺相连的商业街。口内有大众戏院、正明斋饽饽铺和长春堂药店、天兴居炒肝店、华清园浴池、北京焖炉烤鸭的诞生地便宜坊、天成斋鞋店，联友照相馆、黑猴百货店和马聚源帽店等一系列老字号。旧京时，鲜鱼口非常热闹，最多时曾有过九家帽店、十一户鞋店，成为北京城最大的鞋帽零售中心。黑猴儿店的店主杨小泉以制帽为生，因杨小泉养了只黑色的小猴儿，日久天长黑猴儿反倒成了有口皆碑的店名。那只黑猴年老去世后，帽店的主人请人用木头雕刻了一只木猴，涂上黑漆，摆在店门口，成为北京有名的老字号。这一带贴近前门大街的布巷子、肉市、大江胡同等地方，清末民初时是北京著名的商街。

鲜鱼口北，有条长三华里的打磨厂，民国时分为东、西打磨厂，1965 年定名东、西打磨厂街。明初，来自房山县的一些石工，从家乡运来石料，在打磨厂西口一带打磨出售，有的住在破庙里，有的住在大车店中。当时，宅门大户、碾坊、豆腐坊、酒醋作坊、大饭馆都要自己磨面，需要大小石磨。所以，打制石磨和开制磨刀石的生意很兴隆。不久，从房山来的石工越来越多，发展到打磨厂半条街，都是打制石磨的石厂，打磨厂也由此成为的街名。《京师坊巷志稿》载："打磨厂，井二。南城吏目署在此，详衙署。有玉皇庙、关帝庙。铁柱宫本名灵佑宫，祀许旌阳真人，肖公堂祀鄱阳湖神，均江西公所。有粤东、潮郡、临汾、宁浦、应山、钟祥诸会馆。"打磨厂西段因近前门大街，多店铺。到了清中期，除石厂外，又开办了三山斋眼镜店、万昌锡铺、福兴楼饭馆及几家假王麻子刀剪铺。在打磨厂至河沿的岔口处，有几家小器作和戥子铺，名"戥子市"。戥子市以东，是一家连一家的安寓客商的老店。在打磨厂的东半条街，出现了很多的书局、年画、折扇等店铺，逐渐地发展成北京的文化街。著名的有老二西堂、宝文堂、文成堂、泰山堂和学古堂等书局。

鲜鱼口西，前门大街东侧里街有肉市，长 250 米，宽 4 米，因旧时肉铺多得名。清朝以来为繁华之地，有"碎葫芦"酒店、天福堂饭庄、正阳楼饭馆和全聚德鸡鸭店等店铺。肉市路东有北京最早的戏园广和楼，即今广和剧场。广和楼建于明末，与华乐楼、广德楼、第一舞台并称为京城四大戏楼。《宸垣识略》载："查楼在肉市，明巨室查氏所建戏楼，本朝为广和戏园。""巷口小木坊，书查楼字，乾隆庚子毁于火，今重建"。康熙曾到此看戏，并赐台联："日月灯，江海油，风雷鼓板，天地间一番戏场；尧舜旦，文武末，莽操丑净，古今来许多角色。"民国初京剧科班喜连成（后改为富连成）经常在此演出，名演员雷喜福、马连良、谭富英、裘盛荣等都受业于班中。1965 年，将周围小巷定名肉市一巷、二巷。

鲜鱼口南侧，伸展出果子胡同、布巷子胡同、绣花街和冰窖厂。果子胡同北起大江胡同，南接东珠市口大街，清末有专供皇宫选用的果行。民国后与德胜门外果子市并称南、北市。果子胡同有南北相连的瓜子市胡同，1965 年并入果子胡同。果子胡同东有布巷子胡同与之平行，布巷子里多批发布的店铺，称布市。瑞蚨祥开设之前，瑞蚨祥的经理孟觐侯，就在布巷子租房设庄，为孟洛川批发山东土布。大江胡同、小江胡同和长巷一至四条，则是客店聚集之地。

从鲜鱼口向东，与花市相对接。花市南面，有羊市口、小市口和元宝市。羊市口，原是宰杀和销售羊肉的集中点，明朝时已成胡同名。小市口以摊贩为主，元宝市因制作纸元宝得名，现并入小市口街。其南为广渠门大街，有蒜市、草市、榄杆市、柴市、米市。在众多以市为名的街巷胡同中，最为著名的当数榄杆市、磁器口和东晓市。榄杆市一名始于明代，因位在运河旁，买卖缆绳和船杆的集市。磁器口原名蒜市口，以销售蒜而名，明代形成商业集市，清光绪时蒜市西南开有两家瓷器店，后名磁器口。东晓市，东起磁器口大街，西至鲁班胡同，明代称苜蓿园北，清代称东小市。1933 年《北平地名典》中将此街称为东晓市，1947 年改为东晓市大街。《宸垣识略》载：“东小市在半壁街南，隙地十余亩，每日寅卯二时，旧货物者交易于此，惟估衣最多。”这里的货品多为杂物、旧货，价格低廉，每到天明散去，遂名“晓市”。昔日街中有慈溪会馆，每科举之日，直隶学政录取遗才于此。街北有关王庙、慈源寺、药王庙、天庆寺。东晓市街北为半壁街，街内曾开有富成原、裕丰、天佑等十几家皮货店，故又称皮货街。1960 年因建光华仪器厂，将街分为东、西半壁街，西半壁街 13 号系大刀王五所创源顺镖局旧址。

花市大街在崇文门外大街北段路东，全长约 2000 多米，宽约 10 米左右，后分东花市和西花市，老北京统称为“花儿市大街”。《燕京岁时记》载：“花儿市在崇文门外迤东。自正月起，凡初四、十四、二十四日有市。市皆日用之物。所谓花市者，乃妇女插戴之纸花，非时花也。花有通草、绫娟、绰枝、摔头之类，颇能混真。”假花又叫“通草花”，用通草即灯芯草加工成通草片，经过匠人巧手制成装饰花朵，所以“像生花”，有“京师通草甲天下”之誉。后来又增加了纸花、绫绢花、缎花、绒花，形成一种专门行业。《旧都文物略》载：“造花之原料大体为二：曰绢类，曰纸类。绢类中有绫、绢、缎、绸、绒之分，纸类中有羊毛太、粉莲、通草及隔背之分。其造法有用模者，有用杵者，有用麻绳者。分工作业，有作叶子与作花头之分，又有作花与攒花之别。作花者，指作叶与作花头而言；攒花者，指各铺零星买来花叶、花头，攒合成品而言。又分粗、细二派，作细花者，意匠经营。”过去花市专门制作和销售与花有关的商品，逐渐发展成独具特色的传统工艺品“京花”，花市由此得名。清朝著名艺人制作的绢花，曾在巴拿马万国博览会上获奖。据国外报道，瑞士年轻人结婚，常要买北京的绢花布置新房。世界最大的花卉市场——荷兰鲜花市场上，北京的绢花，竟达到与鲜花“混真”的地步。

北京的手工艺品作坊，主要分布在花市、崇文门和前门一带，所产玉器、景泰蓝、雕漆、地毯、宫灯、绢花等手工艺品，堪称一绝，是我国文明古都文化艺术宝库中的璀璨明珠。匠作及手工艺人落户花市的原因，与崇文门地区的繁华有关。元朝时，花儿市属京城文明门外通往通州码头的枢纽地，水波连天，槽船荡漾，成为达官名士避暑休闲的好去处。《日下旧闻考》载：“水木清华亭，元侍御史王俨别业，文明门外东南里许，园池构筑，甲诸邸第。”时人许有壬记云：登水木清华亭，“北瞻爾阁，五云查霭；西望舳舻，汎汎放烟波浩渺，云树参差之间”。清人考证，水木清华亭遗址，当与今花市大街相近。文明门，元代又称哈达门。元《析津志》：“哈达大王府在门内，因名之。”哈达大王是谁，已不可考。文明门另有“海岱门”一说，明蒋一葵《长安客话》：“泰山、渤海俱都城东尽境，元时以‘海岱’名门取此。”海，即渤海、东海；岱，泰山，泰山称岱宗，两处均在北京东南。明卓明卿《登崇文楼》诗：“城头初夜净氛埃，海岱分明望眼开，紫气半空时入座，秋声万里此登台。”明代崇文门是北京城的重要税收关卡，客货流丰沛，年收税银巨万，“五方物产，九土财货，莫不聚集”。史玄《旧京遗事》载：“京师九门，皆有课税，而统于崇文一司”，崇文门外车水马龙，商贩云集，非常热闹。嘉靖年间修筑外城时，花儿市已云集铺户322家，仅次于前门外地区。明董喧《夏日出文明门》诗云：“文明城外柳荫荫，百啭黄鹏送好音。行过御沟（护城河）回望处，凤凰楼阁五云深。”过桥不远为花儿市，“每月逢四日有市，日用及农器为多。其北四条胡同，则皆闺阁装饰所需，翠羽明珰，假花义髻之属，累累肆间”。清朝沿袭明制，关吏“又四出巡逻，得之指为漏税，加倍罚之”。课税时，手续繁多，天长日久，小商贩根据自己货物多少，把税款插在帽檐上，走到关口，关吏取下银钱，立即放行，称“插鬓”。清人查嗣瑮曾有诗记云：“九门征课一门专，马迹车尘互接连。内使自取花担税，朝朝插鬓掠双钱。”当时规定凡外来酒类皆由官方指定的酒商出售，在崇文门指定十八家统一收售，统一纳税，俗称“十八家酒店”。为了防止别的官吏忌妒，每年三月，税官以“献鲜”为名，向皇帝及大臣送黄花鱼，十月送冬笋和银鱼，进行变相行贿。清顺治二年，免除了匠籍行役的规定，又采取汉满分制办法，把汉人赶到城外居住，大批匠人铺户进而集中到崇外花市地带。清中叶以后，上头条、三条一带玉器、料器行异军突起，渐成规模。

花市在明代称神木厂。明永乐四年营建北京，命工部尚书取材川蜀，得大木数株，“天子以为神，名其山曰神木山，遣官祠祭”。把这几株大木也当神一样在北京供奉。

北京城竣工后，于永乐二十年（1422年），在崇文门外建起神木厂，明《京师五城坊巷衚衕集》的崇北坊中已记有“神木厂大街”地名。清朝建立后，将明时遗留下的几株神木，从崇文门外迁至广渠门外二里许，另立新厂，神木厂大街的名称在《清乾隆北京全图》上便改为“花儿市大街”了。

“天下绢花出北京，北京绢花出花市。”清末以来，东花市大街一直是绒花和绢花生产、销售的中心地点。凡经营此业者，都是门前设店销售，后设作坊制造。东花市一带，北从小市口两侧，中下头、二、三、四条直至虎背口；南从南小市口两侧上下堂子、上下宝庆、上下锅腔（国强）、上下唐刀直至元宝市，多数家庭都从此业。据民国时统计，从崇文门外花市大街到东便门一带，各街市花庄及住家经营花业的，已达一千多家。东花市一带，以火神庙为中心，仅这半条街就设有接待花行客商的旅店十几家，每家都标明专业，如泰和花店、德兴花店等，招徕四方，安寓客商等。围绕“花市”的兴盛，绸布店、绒线铺、杂货铺、饽饽铺、干果店、钟表店、瓷器店、首饰楼、珠宝店、古玩店及中药店等，也在这一带应运而生。乾隆中晚期，在花市的胡同中，绢花业已经形成，并打造出生产加工、批发零售及贩运的一个完整链环。花市还有各种各样的工艺品作坊和店铺，如玉器作、珐琅作、象牙雕刻作、花丝镶嵌作、雕漆作、料器作、挑补刺绣作、丝线绦子作、旋活作、麻绳作、染纸作等；再加上为商业区作后勤保障的豆腐房、油坊、肉杠子等作坊、饭馆、茶馆，数不胜数，使花市成为老北京最大、最集中的手工业区。花市也有真花，鲜花市设在西花市西口路南的黄家店胡同里。集日，花农、花贩们从草桥或左安门一带把四时花木用圆筐肩担或用排子车拉到这里售卖。夏天从南方运来茉莉、米兰，称为“客花”。把茉莉花与玉兰花用细铜丝穿成花串，唱着“玉兰花儿咧，茉莉花儿”，妇女们买来戴在胸前视为时令装饰。

花市的发展，还与街内的庙会有关。花市大街西段，有花市火神庙，全称火德真君庙，明隆庆二年（1568年）建，为神木厂悟元观下院。前清时农历每月逢四有会，即初四、十四、二十四；民国十一年（1922年）后改为阳历逢四庙会，新中国成立后改为固定集市，20世纪60年代初期停办。花市沿护城河往东，为太平宫，俗称蟠桃宫。蟠桃宫全名“护国太平蟠桃宫”，始建于明代，每年农历三月初一至初三开庙，后延长至初五日。相传农历三月三为王母娘娘寿诞之日，举行蟠桃盛会。开庙之前护城河往往开闸放水，崇文门至东便门的水路即可行船。庙会的风味小吃及娱乐活动也是人们必去之处，河南岸有炸灌肠、豆汁、面茶、扒糕、豌豆黄及羊杂碎等京味小吃，庙会上还有卖日用杂品，儿童玩具、风筝和空竹等，空地上有套圈、耍猴、中幡、杂耍、唱戏的、拉洋片和明地曲艺演出。《帝京岁时纪胜》载：“都人治酌呼从，联镳飞鞚，游览于此。”时称“人眠芳草地”，“箭洒（投壶游戏）绿杨坡”。京城百姓从四面八方赶来，从崇文门到蟠桃宫能骑驴往返，驴识道，不乱走不用人牵，到目的地自有脚夫将驴接去。冬天，护城河上有拖床和溜冰活动，“寒冬冰冻，以木作床，下镶钢条，一人在前引绳，可坐三四人，行冰如飞，名曰拖床。积雪残云，景更如画。冰上滑擦者，所著之履皆有铁齿，流行冰上，如星驰电掣，争先夺标取胜，名曰溜冰。都人于各护城河下，群聚滑擦，往还亦以拖床代步。更将拖床连接一处，治酌陈看于上，欢饮高歌，两三人牵引，便捷如飞。较之坐骥乘车，远胜多矣”。

东花市大街东口原到北小市南口，其东称铁辘轳把，现已并入东花市。东段有东南向明代的卧佛寺街，清名卧佛寺，1965年将佘家馆、史家胡同、牛角湾部分并入，名东花市斜街。斜街东南与白桥大桥相交处，路北有抗清名将袁崇焕祠墓。明代杰出的军事家袁崇焕，官至兵部尚书兼右副都御史，曾在广渠门外大败后金军队。崇祯三年（1630

蟠桃宫，正名叫护国太平蟠桃宫。位于北京市崇文门东大街东口，是北京有名的道观之一。明、清两代直至民国年间，每年三月初一至初三日有庙会，称“蟠桃盛会”。

年），遭阉党诬陷被杀。崇焕死后，佘氏义仆为其收敛骸骨，葬于北京广渠门内广东义园，并从此世代为袁守墓。《明史·列传一百四十七·袁崇焕》载："兄弟妻子流三千里，籍其家，崇焕无子，家亦无余赀，天下冤之。"1984年袁崇焕祠、墓和坐落在龙潭公园内的庙宇被列为北京市文物保护单位。

相声大家刘宝瑞说过一段单口相声叫"谢学士"，讲谢晋幼时家境贫寒，住在宰相后花园外的小胡同里，过年的时候以宰相家花园冒出墙的竹梢为题，写了副对联："门对千棵竹；家藏万卷书。"没想到这位宰相心狭量窄，心想你个穷小子也敢称家藏万卷书，让人把竹梢头全砍了，看你的门还能对什么。派人过来一瞧，谢晋在对联底下分别加了一个短和长字，改成"门对千棵竹短；家藏万卷书长"。宰相一听更加生气，叫家丁把竹子都给连根刨去。再一看，谢晋家的对联上又长出一块，叫"门对千棵竹短无；家藏万卷书长有"。花市两边的胡同跟谢晋的对联异曲同工，也是一条条不断长出来，成为北京胡同史上的趣闻。旧时城市人口按牌、按铺统计，清代花市两侧胡同的人口不断增加，于是胡同的数目也跟着长出一条。明代花市北部有头条胡同、二条胡同、三条胡同、四条胡同，总共四条与花市平行东西走向胡同。鉴于住户增多，到清乾隆十五年（1750年），以羊市口、小市口、虎背口为界，把每条胡同断为三截，各划分成花市上、中、下三条，如花市上头条胡同、花市中头条胡同、花市下头条胡同等，四条胡同变成了十二条东西平行走向的胡同。到了清末光绪时，花市上、中、下十二条胡同又不够用了，再增加出花市下下头条、花市下下二条、花市下下三条、花市下下四条，从最早的四条胡同，派生出十六条，数量增加了三倍。中华人民共和国成立前后，人口再度增加，北羊市口胡同里有了花市上头条、上二条、上三条、上四条、中头条西口、中二条西口、中三条西口、中四条西口，北小市口里平添了花市中头条东口、中二条东口、中三条东口、中四条东口、下头条西口、下二条西口、下三条西口、下四条西口，虎背口胡同里出现花市下头条东口、下二条东口、下三条东口、下四条东口、东头条西口、东二条西口、东三条西口、东四条西口，北上坡还有花市东头条东口、东二条东口、东三条东口、东四条东口等。

北京的胡同在花市一带极具特色的尚不止此，另有增加东、西、南、北方向性专名的胡同甚为典型。花市大街原为一条，1965 年后将周边胡同扩入，成为东花市大街和西花市大街。2002 年，由幸福大街北口向北直到崇文门东大街修建了南北大道，与东、西花市大街相接，增加了北花市大街和南花市大街。明代，东后河沿有羊肉胡同和小市口，到清乾隆时分别成为花市南北两侧的南羊肉胡同、北羊肉胡同，南小市口和北羊市口。其他如这一带的东、西打磨厂，东、西兴隆街，南、北官园胡同，河泊厂东巷、西巷、南巷、北巷，南、北武胜巷，高营南、北横巷，南、北角湾胡同，东、西、南、北河槽胡同等，都是在 1965 年由一条胡同改建而来的。

《秋雨难阻归家路》

秋雨绵绵，泥泞的路面积水遍地，灰色的天空布满阴霾，街道上人影稀少，路边的客店那红色的建筑分外显眼，积水中的倒影却给寒冷的氛围增添一些暖意，预示客店的温暖却吸引不了一个打着雨伞、踏着雨水急匆匆赶路的回家人的脚步。

长安街北鱼龙跃

明代内城的胡同在北京展示了最辉煌的一页，街巷宽大，胡同横平竖直，无比壮观。这些胡同，一部分继承了唐代以来传统胡同的特色，胡同名称中手工业作坊占了很大比重，甚至于连皇城两边的中城也不例外。如明中城计有七十五条胡同，其中以手工业作坊为名的，像金箔胡同、珐琅胡同、锡蜡胡同、麻绳胡同、故衣胡同、绒腺胡同、油房胡同、杨刀儿胡同、汪纸马胡同等就有二十二条，占中城胡同总数的百分之三十；还有被称为“妓馆所在之地”的堂子胡同、翠花胡同、眉掠胡同等四条，约占中城胡同总数的百分之六。以手工业作坊和“妓馆所在之地”为名的胡同，加到一起竟达百分之三十六，所占比例仍然不小。

内城与外城胡同的最大区别，是一批官吏、皇家卫队，乃至于官府，搬进了由火巷改造后的宽大胡同，在北京出现了诸如帅府胡同、府学胡同等与官府有关的专名胡同。这些与中央衙署有关的胡同，集中于当时的东城、西城和中城，北城只有两条，而北京外城则连一条都没有，使内城区胡同中的皇家文化和缙绅文化特征更为突出。

帅府胡同在北京东西城各有一处，一处在西四北大街路西，一处在东单三条北，明张爵《京师五城坊巷衚衕集》里均有记载。据《天府广记》记载：永乐间设二帅府于都城内之东西，以为会议之所，其府敝坏。西城的帅府胡同现名西四北二条，明宪宗时为广平侯袁瑄宅第，正德年间永寿伯朱德私第在此。紫禁城总领宿卫袁瑄，祖父袁洪随明太祖征战有功，官至后军左都督。其父袁容娶朱棣长女永安郡主为妻，因从朱棣起兵有功，进为驸马都尉，封广平侯，很受朱棣重视，凡车驾巡幸皆命袁容居守。东城的帅府胡同，东起校尉胡同，西止王府井大街，南邻东单三条，北靠金鱼胡同，现有北帅府胡同、东帅府胡同、帅府园胡同。帅府园胡同，相传曾是唐代名将罗艺府第，有怡贤亲王府。怡贤亲王，康熙帝第十三子，与雍亲王胤禛关系密切，雍正继位即封为和硕怡亲王，总理朝政，又出任议政大臣，处理重大政务。怡贤亲王死后，舍府为寺，即贤良寺，乾隆年寺移冰盏（渣）胡同。光绪三十二年（1906 年），由伦敦公会、美国长老会等六组织联合兴办协和医学堂，院址在东单新开路西口内。民国四年（1915 年），美国煤油大王洛克菲勒基金会出资购买协和医学堂全部产业，改称协和医学院，同时购得东单三条内豫王府全部房地产建高标准中西式楼房，改称协和医学院，1985 年改名中国协和医科大学及协和医院。

府学胡同在东城区交道口地区，西起交道口南大街，东止东四北大街，南与中剪子巷相通，北与北剪子巷、文丞相胡同相通，明代因顺天府学设此而名。胡同内现保存完好的四合院有府学胡同 65 号顺天府学、63 号文天祥祠。据史料记载，元末府学原址是太和观。公元 1358 年徐达率军攻克大都，因朱元璋下令军队不得到孔庙骚扰，太和观住持仓皇中把木制孔子像立到殿中，谎称这是孔庙，避免了军队的进入，此后只得把寺庙改成学校。《万历沈志》载：“洪武初，以元太和观地为大兴县学，国子监为府学。永乐中，以府学为国子监，以大兴县学为府学。”遂名府学胡同，1965 年将怀仁里、箭竿胡同并入。光绪二十五年（1903 年），清政府把府学的东半部改为“顺天府高等小学堂”，1905 年学校改名“左八旗小学堂”，1923 年改名“京师公立第十八小学校”，1934 年又改名“北平市市立府学胡同小学”，中华人民共和国成立后改名为“北京市三区中心小学”，现为“府学胡同小学”。顺天府学对面 36 号是一座保存较完整的大型四合院，传为明崇祯皇帝田贵妃娘家田府，清末系兵部尚书志和住宅，分为东、西两大宅院。东宅现为机关办公地，西宅院由北京市东四妇产医院使用。胡同东口有段祺瑞任北洋政府总理时的住所，现为北京市武警九支队驻地。

内城还有不少以卫、厂命名的胡同。明初，置帐前总制亲军都指挥使司，后改置金吾侍卫亲军都护府，设都护。又置各卫亲军指挥使司，设指挥使。凡上直卫亲军指挥使司，有锦衣卫、旗手卫、金吾前卫等计二十六卫。永乐中置金吾左卫、金吾右卫、燕山左卫、燕山右卫、燕山前卫、大兴左卫等上十卫。牧马千户所、蕃牧千户所隶右军都督府，设神策卫，留守中卫等。前军都督府设留守前卫、龙骧卫、豹韬卫等。京卫非亲军而不隶都督府者十有五，如永清左卫、永清右卫、彭城卫等；以匠故，隶工部的有武功中卫、武功左卫、武功右卫等三卫。这些卫所的领导机构，以后便成为内城地名或胡同名。如正阳门里皇城两边的中城，有龙骧卫胡同、武功左卫胡同、卫胡同金吾左卫；崇文门里街东往北，至城墙并东关外的东城，有神策卫胡同；在宣武门街西往北，至城墙并西关外的西城，有卫胡同、燕山卫胡同、供用库胡同、永清左卫胡同、太仆寺胡同。

此外，由东厂、西厂、大内行厂和锦衣卫等组成内廷侦察机构，亦合称厂卫。东厂胡同在五四大街南侧，属东华门街道办事处管辖，呈东西走向。东起王府井大街，西止东黄城根南街，北与东厂北巷相通，全长 319 米，宽 7 米。明永乐十八年（1420 年），东厂成为在刑部、都察院、大理寺三个衙门之外特设的特务机构，用它专门刺探臣民“谋逆妖言、大奸大恶”之事。朱棣不相信外臣，特命他的亲信太监做东厂的提督，权力在锦衣卫之上，首开宦官干政之端。清称东厂胡同。日本占领时改称东昌胡同，日本投降后复称东厂胡同。“文革”中一度改称人民路十条。清时荣禄府第在胡同东口路北，除皇宫外，是北京城内第一个装上电灯的宅院。大学士瑞麟、光绪年间礼部尚书怀塔布曾住胡同东口。辛亥革命后，袁世凯以十万银圆买下荣禄宅东半部，送给黎元洪，黎任大总统时一直在此居住。后成为日本文化事业总委员会所在地，日本人在里面造楼房，据说此楼房是北京城最早安装铁制门窗的建筑。今为中国社会科学院近代史研究所、世界历史研究所等所在地。

明成化十三年（1477 年）设西厂，以旧灰厂为厂署总部。汪直以西厂为据点，勾结一些朝官结党，排除异己，威倾天下。西厂特务侦缉各地，引起朝野反对，后被迫撤销。明武宗时大宦官刘瑾专权，又恢复西厂，刘瑾倒台遭凌迟后撤销。民国二年（1913 年）十月十日，袁世凯就任大总统，总统府设在中南海，将总统府西侧的灰厂夹道改名为府右街。旧灰厂在灵济宫前，灵济宫祭祀南唐人徐知证和徐知谔，明名灵济宫，是条贯穿东西的长胡同。因街南系宣城伯卫颖宅园的后墙，又称宣城伯后墙街，清代称灵清宫，民国改称灵境胡同。

位在西城的燕山卫胡同，原是明朱棣从北郊调入京师提升为亲军卫的驻地，在此设有燕山前卫衙署而名。清时称卫儿胡同、卫衣胡同、魏儿胡同。1911 年后改称南魏儿胡同，亦称南卫胡同，1965 年更名西四北六条。

随着《北京历史文化名城保护规划》的确立，通过危改对文物保护单位和历史文化保护区的面貌加以整治和恢复，南锣鼓巷、方家胡同、南新仓等一批文化创意产业集聚区也正在形成，成为北京胡同的新亮点。

南锣鼓巷南北走向，北起鼓楼东大街，南止地安门东大街，全长786米，宽8米，是在元大都火巷基础上改造成的棋盘式传统民居区。元代是“后市”的组成部分，明属昭回靖恭坊，清乾隆时属镶黄旗，光绪末年至宣统年间属内左三区，民国时期属内五区。南锣鼓巷东西两侧各有八条整齐排列的胡同，如同一条“蜈蚣”，故有“蜈蚣巷”之称。明清以来，这里一直是“富人区”，居住过许多达官贵人、社会名流。巷从南向北，西面是福祥胡同、蓑衣胡同、雨儿胡同、帽儿胡同、景阳胡同、沙井胡同、黑芝麻胡同、前鼓楼苑胡同等八条胡同；东边是炒豆胡同、板厂胡同、东棉花胡同、北兵马司胡同、秦老胡同、前园恩寺胡同、后园恩寺胡同、菊儿胡同等八条。这些胡同在元朝时没有名称，通称火巷。

菊儿胡同在鼓楼东大街南侧，东西走向，北与寿比胡同相通。明称局儿胡同，后改橘儿胡同，清代宣统时名菊儿胡同至今。1965年整顿地名时改称交道口南二条，“文化大革命”中一度改称大跃进路八条，后恢复原名。1979年将小菊儿胡同并入，复称菊儿胡同，现胡同北侧大部分已拆建成楼房四合院。菊儿胡同内3号院、5号院、7号和寿比胡同6号，原系清直隶总督大学士荣禄府第。原宅分三部分，3号院是祠堂，5号院是住宅，7号院是花园。后荣禄迁至东厂胡同。中华人民共和国成立后7号院曾作过阿富汗大使馆，41号院原为寺庙。据传，庙里的开山和尚是皇帝的替僧。

后圆恩寺胡同在菊儿胡同南侧，与之平行。《顺天府志》载：“圆恩寺，元刹也，在圆恩寺胡同。”元曾建圆恩寺而名。因位在圆恩寺后，清乾隆时称“后圆恩寺胡同”，宣统时称“后圆恩寺”，1965年整顿地名时改称“交道口南三条”，“文化大革命”中一度改称“大跃进路七条”，后复称“交道口南三条”，1979年恢复“后圆恩寺胡同”原称。圆恩寺门在南面的前园恩寺胡同，寺已毁，旧址今为某部队干休所。

后圆恩寺胡同西部较窄，东部较宽阔，7号院是清代庆亲王奕劻次子载搏的宅第。该处是一座保存完好的中式四合院，中部为一西洋楼房，楼前有一带喷泉的圆形水池，周围有采自圆明园的刻石。池东南为瓜棱柱支撑的花岗岩西式拱形顶圆亭，再东有假山和仿古建筑，池北为大楼，池西为后置的四合院。奕劻当过清总理各国事务大臣和内阁总理大臣，与袁世凯是姻亲。载涛在《晚清宫廷生活见闻》中说："奕劻之无钱不要，为人所共知。"奕劻之子载搏却是花花公子，该豪宅即其为博得名妓"红宝宝"欢心而建，后在赌博中把全部家当连同这座豪宅输与他人。此宅曾几易其主，民国时转手为一家中法企业的办公处，抗战胜利后为蒋介石下榻的行辕。中华人民共和国成立后，先后为中共中央华北局办公处、南斯拉夫大使馆、中国人民对外友好协会等，现在是友好宾馆。胡同13号为普通两进四合院，即茅盾故居。中华人民共和国成立后，茅盾住东四头条203号文化部宿舍，与周扬、阳翰笙等为邻，1974年其搬到后圆恩寺，直到1981年病逝。

秦老胡同在前圆恩寺胡同南，东西走向，全长447米，宽6米。明属昭回靖恭坊，称秦家胡同。清属镶黄旗，称秦老胡同。35号原为清晚期内务府总管大臣索家宅子的私家花园"绮园"，园内叠石假山、游廊池榭，颇有江南意境。索氏后人曾崇的儿媳系清末代皇后婉容之姨，故当地传言这里是"皇后的姥姥家"。

再向南走，北兵马司胡同与东棉花胡同之间的西部，为中央戏剧学院。北兵马司胡同，明朝属昭回靖恭坊，称北城兵马司。明北京内城设中、东、西、南、北五城兵马司，负责地面治安捕盗于此。清朝属镶黄旗，乾隆时称兵马司胡同，宣统时称北兵马司。民国后沿称。1965年整顿地名时改称交道口南六条。

南锣鼓巷东南面的第一条胡同，是炒豆胡同。胡同内有清僧格林沁王府。僧格林沁是清末著名将领。蒙古族，博尔济吉特氏，道光五年（1825 年），被选定为索特纳木多布济郡王嗣子，承袭科尔沁左翼后旗扎萨克郡王，1855 年晋封亲王。他能征善战，历史上毁誉参半。咸丰九年（1859 年），咸丰帝命僧格林沁至天津督办大沽口和京东防务。僧格林沁积极筹建大沽海口和双港的防御工事，整肃军队，在大沽口保卫战中督军奋战，击毁英军战舰 3 艘，使英军死伤 464 人，英海军司令贺布受重伤。咸丰十年（1860 年），英法联军攻入天津，僧格林沁兵败退驻通州。1863 年受命剿捻，在山东、河南、安徽镇压捻军。1865 年 5 月，率部在山东曹州与捻军激战中阵亡。原僧王府分中、东、西三路，各有四进，前门在炒豆胡同，后门在板厂胡同。其中东路除正院外，还有东院四进，组成一个很大的建筑群。民国后，府第被亲王的后代逐渐分院拍卖。现炒豆胡同 71 号至 77 号（单号），板厂胡同 30 号至 34 号（双号），均为原王府的范围。炒豆胡同西口，是僧格林沁家的祠堂，现改建为“侣松园宾馆”。

南锣鼓巷西侧，雨儿胡同路北 13 号院，原是清内务府一总管大臣的部分私宅。中华人民共和国成立后由文化部购买，请齐白石先生居住，后白石先生搬至西城跨车胡同，现为“北京市美术家协会”。帽儿胡同在雨儿胡同北，西至地安门外大街，北通豆角胡同，南通东不压桥胡同。明代称梓潼庙文昌宫胡同，因有文昌宫而得名。清建有制帽作坊，改称帽儿胡同。帽儿胡同 7 号、9 号、11 号院，原为清末大学士文煜的住宅和私家园林“可园”。“可园”落成于 1861 年，被认为是晚清北京私家园林中最有艺术价值的花园，现被列入国家级重点文物保护单位。13 号院为冯国璋故居，朱家溍先生曾在此 15 号院、35 号院、37 号院居住。35 号院、37 号院原为清宣统皇后郭布罗氏婉容的娘家、承恩公府，俗称娘娘府。45 号院原为清代提督衙门。

值得一提的是，元末李好古《沙门岛张生煮海》杂剧第一折里的砖塔胡同：

（张生云）既然许了小生为妻，小娘子可留些信物么？

（正旦云）妾有水蚕织就鲛绡帕，权为信物。（张生做谢科，云）多感小娘子！

（家童云）梅香姐，你与我些儿甚么信物？

（侍女云）我与你把破蒲扇，拿去家里扇煤火去！

（家童云）我到那里寻你？

（侍女云）你去兀那羊角市头砖塔胡同总铺门前来寻我。

总铺即军巡铺，宋朝都城于街坊设军巡铺，每所军巡铺有兵卒数人，夜间出巡防火防盗。东海龙女的侍女住在砖塔胡同的勾栏院，让家童去军巡铺挨逮，明显插科打诨，拿家童开心。

砖塔胡同在西四南大街丁字路口西南，以南侧万松老人塔而名，万松老人是金朝著名高僧，耶律楚材拜其门下，万松老人圆寂后，后人建塔埋其骨置于城内。有人把砖塔胡同视为元大都出现的第一条胡同，这条胡同恰是在明朝才兴盛起来的妓女聚集处。

元朝时大都新城是皇帝和高官居住的“高档地区”，不允许妓女在城内开业。《马可·波罗游记》：“那些以卖淫为生的妇女，除暗娼，人不知道以外，不许在城内开业，全部限制在郊区。”所以，砖塔胡同成为“勾栏”“瓦舍”地，应该是明清以后的事情了。明清时，砖塔胡同一带长期是“勾栏”“瓦舍”之地，《京华春梦录》“西城砖塔胡同之口带底，昔为内府藏娇之地，一家不过二、三口，门无杂宾，王公贵族不能出城作狎游者趋焉”。清震钧在《天咫偶闻》中，描述这里是“闾阎扑地，歌吹沸天。金张少年，联骑结驷，挥金如土，殆不下汴京之瓦子勾阑也”。不过，大官老爷们逛妓院，总非光彩之举，如果这条胡同也像手工业作坊那样直白，作麻线的叫麻线胡同，开妓院的叫妓院胡同，恐怕做官老爷的没人敢去了，也不会“联骑结驷”那么热闹。得找个好听点的词，只得拿砖塔当挡箭牌，叫砖塔胡同，似乎来的人都在忙着拜祭高僧，实际干的却是不可告人的勾当。

《网络世界》

胡同是古老的，电线是现代的，随处拉出的电线是北京胡同特有的现象，不同时期有不同的用途，电灯线，电话线，电缆线，光缆线，相互缠绕，交织出一幅有形的网，形成了一道风景线，胡同里的人们就像是生活在网络的世界之中。

长安街南交民巷

长安街修筑于明朝永乐四年至十八年（1406—1420年），与皇城同时建造，是明代兴建北京城总体规划的重要组成部分之一。东西平行走向的长安街，与纵横南北八公里长的御道中轴线，在天安门前垂直相交成准确的“十”字形经纬坐标中心点，从而构成了北京城坐北朝南，街巷纵横的总体布局。

明清之际，长安街全长3.7公里，有十里长街之称，这是京城历史上有名的“天街”。当年天安门前的东西两侧有长安左门和长安右门，其名取自盛唐时的长安城，具长治久安之意，长安街因此二门而得名。两门建于明永乐十八年（1420年），规制相同，门三阙，券门，汉白玉石门槛，单层歇山黄琉璃瓦顶，红墙，基础为汉白玉石须弥座，是皇城通往中央官署衙门的总门。门前竖立一座巨大石碑，上面刻有八个大字：“官员人等到此下马”，并有禁军站岗。百官上朝面奏皇帝都要从长安左、右门进入，步行进长安门，经天街（今天安门前的长安街），上金水桥，入承天门，继而进午门，到皇宫大殿朝拜。长安左门又名“龙门”，或“孔圣门”，其位置在今劳动人民文化宫（原为左祖“太庙”）前面的长安街大道上。明清两代，科举最高一级的考试要在紫禁城内的保和殿举行，称为殿试。每当殿试结束后，把写有得中进士者姓名的黄榜，在鼓乐御杖引道下，张挂在长安左门外临时搭建的龙棚内。由状元率领新进士看榜，随即由顺天府尹为状元插花、披红绸，新状元骑着御赐的高头大马，走过天街，以示皇恩浩荡。长安右门又名“虎门”或“白虎门”，以附“左青龙、右白虎”之意。“长安右门”在今天中山公园（原为右社“社稷坛”）前面的长安街大道上，每年秋八月中旬，皇帝诏令三法司会同王侯、大学士、九卿等在西千步廊旁进行“秋审”，复审各省判死刑囚犯的名册、口供和判决。每年霜降前，又在这里举行“朝审”，将刑部死囚带入长安右门讯问，确认无疑者则绑缚刑场执行；有疑问者则缓决，囚犯一入长安右门如入虎口，故有虎门之称。此二门南各与千步廊东西两端相接，封闭“T”形广场，禁民通行。1912 年 12 月将长安左、右门石门槛拆除，1913 年 1 月 1 日长安街正式通行。民国二十九年（1940 年）被拆开内城墙中东西两侧的建国门与复兴门，成为近代长安街的雏形。1952 年 8 月，拆除长安左门和长安右门。1954 年 8 月，拆除长安街东西两座牌楼，同年拓宽道路，拆除西单至新华门间的双塔寺。1954 年，拆除纪念碑以南的中华门。l966 年成为一条横贯北京城东西的交通大道，街面展宽为 50 ~ 100 米，东西长安街的延伸线东达通州，西抵石景山，总长 50 公里，被称为百里长街。

现在有人把长安左、右门称三座门，这是个误会。据《国朝宫史》卷十一载：“皇城外围墙三千三百四丈三尺九寸，有天安、东安、西安、地安四门，又，天安门外东、西、南三面围墙四百七十一丈三尺六寸，正南榜曰大清门。东为长安左门，西为长安右门，重建于乾隆十九年至二十五年，工竣，又增筑长安左门外围墙一百五十五丈，长安右门外围墙一百六十七丈五尺一寸。各设三座门。”《日下旧闻考》卷九也提到：“乾隆十九年，于东西长安门外增筑围墙，各设三座门。”三座门建于乾隆十九年（1754 年），在长安左门与长安右门外，分别增筑砖石琉璃门各一座，称“东三座门”（今南池子南口以东的长安街上）、“西三座门”（今南长街南口以西的长安街上）。1913 年为开通长安街，将东、西三座门改建为红墙、黄琉璃瓦歇山小式顶之三孔券门，仍称东、西三座门。笔者小时候去中山公园玩见过三座门和长安左、右门，三座门中间门洞大两边小。1951 年，其与府前街（今中南海新华门外）的一段方孔花墙一并拆除。

在长安左门与长安右门之间，有一片东西长约 370 米，南北宽约 80 米的“天街”，全部用石板铺砌，是颁诏时官员们跪听之地。广场御路的东西两侧，南北方向有通脊联檐廊房各 110 间，天街南侧向东，向西方向另有廊房各 34 间，东至长安左门，西至长安右门，计有廊房 288 间，称千步廊。在广场东西两侧宫墙外，按照“文东武西”的格局，设置六部九卿等各机关，明人云：“列六卿于左省，建五军于右隅”，是明清两代皇家最高官署衙门的集结地。在正阳门城楼和大明门之间，有一个百步见方的小广场。广场上石护栏的通道呈“十”字形，宛如棋盘，故称“棋盘街”。明清两代皇城内禁止平民穿行，人们往来东城和西城间，需绕行大清门以南或地安门以北，棋盘街便成为当时北京东，西城市民来往的交通枢纽。大清门前有朝前市，称“小天街”，非常热闹。

天安门广场东侧宫墙外，今国家博物馆一带，为文职官衙。明代设吏部、户部、礼部、兵部、工部、宗人俯、鸿胪寺、钦天监、太医院等。清代，仍为各部所在，称户部街。在户部街外侧增设掌制诰、史册、文翰之事的翰林院，负责对外通商和交涉事物的总理各国事务衙门及太医院等。天安门广场西侧宫墙外，今人民大会堂一带，为武职和司法机关。明代设有五军都督府，锦衣卫，太常寺，通政使司等；清代改设銮仪卫、太常寺、通政司、都察院、大理寺、刑部等。清代采用八旗兵制，不再建立五军都督府，将原来的街道改称前府胡同、右府胡同、左府胡同、中府胡同、后府胡同等。在明锦衣卫旧址建立刑部，称刑部街，后在街上又增设都察院、大理寺等审案判刑的机关，又称司法部街。1954年11月至1955年5月，拆除了广场中部的东西红墙，拓展长安街。1958年10月动工修建人民大会堂，1959年拆除中轴线上的中华门，人民大会堂和国家博物馆竣工。1976年11月6日，中央做出“毛主席纪念堂建立在天安门广场人民英雄纪念碑以南”的决定，纪念堂建在正阳门城楼及箭楼地北侧大明门处，于1977年9月9日毛泽东主席逝世一周年时正式对外开放。至此，皇城前封闭的格局彻底打破，开始形成一个南起正阳门，北至天安门，东起公安街，西至西皮市街的开阔广场。经过改建天安门广场，北京的城市中心发生了微妙的变化，旧北京的中心是紫禁城，随着天安门广场成为新城市的中心，宫殿被推到后院的位置。

在天安门广场的东西两侧，有东交民巷和西交民巷，旧称江米巷。东交民巷原名东江米巷，胡同西起天安门广场东路，东至崇文门内大街，全长近三公里，被认为是北京最长的胡同。元明时，东交民巷和广场西侧的西交民巷合称“江米巷”，以设有管理漕粮进京的税务所和海关而名。明朱棣修建皇城时，在大明门外建棋盘街，将巷截为东西两巷，巷北系“五部六府”所在地。东江米巷设有礼部、鸿胪寺和会同馆，会同馆又称“四夷馆”，主要接待来自安南、蒙古、朝鲜和缅甸四个藩属国的使节。清会同馆改名四译馆，并修改政策，只允许外国使节在这里居住四十天。过去在东西交民巷进口处各有一座牌楼，东曰“敷文”，西曰“振武”。清光绪二十六年（1900年），八国联军入侵北京时被毁。鸦片战争（1840年）前后，设有英、俄、德、法等使馆，英、美、法等十一国在巷内成立联合行政机构，开设“美国花旗银行”“法国东方汇理银行”“英国汇丰银行”“日本正金银行”及教堂、医院等多处，留下许多风格各异的西洋建筑。今东交民巷正义路南旧式建筑，即日本正金银行旧址。今北京市公安局北门的两幢旧式楼宇，为英国汇丰银行和美国花旗银行旧址。

1900 年 8 月 14 日，八国联军入侵北京，明令侵略军“正式特许抢劫三日”，仅巷内的户部银库就被日本侵略军抢走白银三百万两，翰林院内的《永乐大典》《四库全书》等珍本也被毁劫殆尽。1901 年《辛丑条约》列强将东交民巷地区划为“使馆界”，改东交民巷为“使馆街”，还在整个使馆界四周建起高约六米的围墙，围墙上建有八座碉堡，并设铁门。1950 年 1 月 6 日，北京军管会颁发布告，宣布在北京市内各帝国主义兵营的占领地一律收回，其建筑全部征用。现巷内多为国家机关办公地点，沿街有北京市公安局、最高人民法院、最高人民检察院、中国青年旅行社、外交部招待所、新侨饭店、红都时装公司等。

西交民巷西抵北新华街，早年有刑部、大理寺、都察院、太常寺、銮仪卫等衙门。今人民大会堂南门外南北向的司法部街，即清刑部所在地，民国后改为司法部。清朝末年，北京银行业兴起，当时的金融街就在东交民巷，西交民巷及其附近地带。1905 年，清政府在西交民巷成立“户部银行”，民国初更名为大清银行，是中国历史上最早的中央银行。西交民巷东口有欧式建筑，为大陆银行旧址。大陆银行为谈荔孙于 1919 年在天津创办，1924 年建成此楼。谈曾考取官费赴日本留学，入东京高等商业学校读银行经济。先后担任过中国银行南京分行经理、北京分行经理。民国初年，大陆银行与盐业银行、金城银行、中南银行组成设立四行储蓄会，开创了以储蓄为营业主业的先河。“四行储蓄会”的石匾，在 1999 年重修天安门广场时，被市政工人在毛主席纪念堂西侧出土发现。

随着长安街拓宽，西单至复兴门部分成为交通的瓶颈。1956 年，北京市委、市政府决定打通西单至复兴门路段，拆除旧刑部街、卧佛寺街、报子街和邱祖胡同，路面展宽 35 米。1958 年拆除东单至建国门之间的东西观音寺街，路面展宽到 35 米。旧刑部街建于明正统七年，约今民族饭店、民族文化宫一带，因设有刑部、都察院、大理寺等而名。清朝定都北京后，将这些机构该设在西长安门外，遂被称为旧刑部街。旧刑部街因处内城的繁华地界，清末民初时为权贵显宦的聚居区，达官贵人多居于此，有曾国藩、左宗棠等宅邸。旧刑部街东口路北，约今复兴门内大街中信银行所在，曾是张作霖的宅邸，后献给奉天会馆。九・一八事变后，在此成立“东北民众抗日救国会”。20 世纪 30 年代，奉天会馆逐渐衰落，遂将东院、花园和戏楼，租与他人开办哈尔飞戏院。尚小云、程砚秋、荀慧生、马连良、高庆奎、言菊朋、杨宝森等常在此演出。长安戏院和新新大戏院（今首都电影院）建成后，哈尔飞戏院曾改为瑞园茶社，专营曲艺杂耍。以后，改办大光明电影院。1954 年，大光明影院改制为西单剧场。1994 年被拆除。20 世纪 50 年代扩建西长安街时，旧刑部街的南半部全部拆除，剩下的街北部为今复兴门内大街东段北部。

旧刑部街南有东西平行的报子胡同，从报子胡同向西，横穿北闹市口，即为邱祖胡同。邱祖胡曾名秋子胡同或曲子胡同，其北有融入长安街的胡同卧佛寺街。街里有鹫峰寺，建于唐贞观二十二年，原名唐淤泥寺，因鹫峰寺后殿供奉有卧佛而名，每逢冬季舍粥，救济乞丐和城市贫民。20 世纪 50 年代扩展长安街时，鹫峰寺中部分殿宇被拆除。1972 年，在复兴门门洞原址修建北京市城区第一座立交桥，鹫峰寺彻底消失，现为百盛商场和工艺美术馆所在地。

东长安街的东单至北京站口这段长安街中，曾有东西观音寺街，是城东通往天安门广场的主要街道，每年国庆游行时，从东边集结去天安门的队伍，不到四点钟就会从这里向城里走过。1958 年以前，大约北京站口的中心位置称闹市口，是四条街道会合的十字街口。闹市口东叫东观音寺街，西称西观音寺街，南为南小街，北称方巾巷，即今朝阳门南小街。当时，东观音寺街连通前椅子胡同、牛角湾等胡同；西观音寺街连通南衣袍胡同、火神庙、扁担胡同、银碗胡同等；南面的南小街连通官帽胡同、洋溢胡同、西裱褙胡同、喜鹊胡同、苏州胡同、绒线胡同、东裱褙胡同、水磨胡同，除苏州胡同今天仍保留西部连通崇文门内大街的一段外，其余胡同皆已消失。

《梦中长忆旧时家》

走进北京的小胡同，似乎是总有看不完数不尽的风光，也常常出现一种似曾相识的幻觉，迷茫中去体味睡梦中回到故乡老宅的滋味，那路边的杂草，那遍地的牵牛花，使人仿佛又回到了孩童时代。

皇城又添胡同名

明清时的北京城，共有四重城墙，中心是紫禁城，再往外是皇城，然后是内城和外城。紫禁城即今故宫，皇城环绕在宫城之外，始建于明永乐四年（1406 年）至永乐十八年（1420 年），与紫禁城同时落成，是拱卫皇宫并为皇宫提供各种生活服务和保卫紫禁城的特殊城池。据《燕都丛考》记载："明代皇城以内，外人不得入，紫禁城以内，朝官不得入，奉事者至午门而止。"皇城内原是皇家御园和皇室的内官署，明清皇城红墙顶覆黄琉璃瓦，南起今天的长安街，北到今天的平安大街，东至东黄城根今东城区南北河沿一线，西至今西城区西黄城根一线。东西宽 2500 米，南北长 2790 米，明皇城墙周长 18 里，到清代几经拓展周长已达 22 里。据清嘉庆《大清会典》记载"皇城，其门有七"。皇城的南北东西各有一门，北曰北安，位于皇城北墙正中，南对景山、北对钟鼓楼，清改称地安门，1954 年 12 月拆除；东曰东安，门西对宫城之东华门，1912 年袁世凯策动曹锟发动"壬子兵变"时惨遭焚毁；西曰西安，因西苑水面所限，设在皇城西墙偏北处，1950 年 12 月因附近摊贩失火被焚；南曰承天，取"承天启运，受命于天"之意，清顺治八年（1651 年）改建并易名为天安门，含"受命于天"和"安邦治民"的意思；在天安门正南有千步廊，千步廊正南为大明门，清初改称大清门，民国年间称中华门，大明门位于北京城中轴线上，是明清两代皇城正门天安门的外门，又称“皇城第一门”。在皇城与紫禁城之间，明代还有十二座门，以增加皇城和紫禁城间的防护。其中北面四门：北上门、北上西门、北中门；东面四门：东上门、东上南门、东上北门、东中门；西面四门：西上门、西上北门、西上南门、西中门。这些门历经清代皇城内街巷变迁，民国时的战乱和中华人民共和国成立初期的大规模城市改造，今已无存。

皇城以景山为制高点，建有紫禁城、北海、中南海、景山、太庙、社稷坛等皇家建筑和为皇室服务的内官署，即所谓四司、八局、十二监的二十四衙门。宦官除在内廷任职之外，还能出任各种外差使职。按照原来规定，这二十四衙门主要只是在皇帝周围服役，为其生活服务部门。但事实上，明代宦官已经发展成为极其重要的政治势力，不但掌管了宫廷内有关饮食起居的一般事务，还控制了全国军政要务。

十二监中司礼监是明宦官二十四衙门的首席，在整个宦官系统中权势地位最高，时人称其“无宰相之名、有宰相之实”。明代历代擅政宦官如王振、刘瑾、冯保、魏忠贤等，均是司礼监太监。司礼监的职权主要有三项，一是批答奏章，传宣谕旨；二是总管、统领有关宦官机构；三是兼顾其他重要官职，如东厂提督、南京守备等。另十一监是：御用监，掌管造办御用围屏、床榻等木器及紫檀、象牙、乌木、螺钿等玩器；内官监，掌木、石、瓦、土、搭材、东行、西行、油漆、婚礼、火药十作，及米盐库、营造库、皇坛库，凡国家营造宫室、陵墓，并铜锡妆奁、器用暨冰窨诸事；司设监，掌管卤簿、仪仗、围幙、帐幔、雨具等；御马监，主管内府马政；神宫监，掌管太庙及各庙洒扫及香灯等；尚膳监，掌管御膳、宫内食用和筵宴等；尚宝监，掌管宝玺、敕符、将军印信；印绶监，掌管古今通集库以及铁券、诰敕、贴黄、印信、图书、勘合、符验、信符等；直殿监，掌管各殿及廊庑洒扫之事；尚衣监，掌管皇帝冠冕、袍服、靴袜等；都知监，起初负责各监行移、关知、勘合等事，后来专门跟随皇帝，负责道引清道。

四司指：惜薪司，掌管宫中所用柴炭和二十四衙门、山陵等处内臣柴炭等；钟鼓司、掌管皇帝上朝时鸣钟击鼓以及演出内乐、传奇、过锦、打稻等杂戏；宝钞司，掌管造办粗细草纸；混堂司，掌管沐浴之事。八局是：兵仗局，掌造军器，包括刀枪、剑戟、鞭斧、盔甲、弓矢等各类兵器；银作局，负责打造金银器饰；浣衣局，局址在德胜门西，由年老及有罪退废宫人充任，是二十四衙门中唯一不在宫中的宦官机构；巾帽局，掌管宫中内使帽靴、驸马冠靴及藩王之国诸旗尉帽靴；针工局，负责制作宫中衣服；内织染局，职掌染造御用及宫内应用缎匹绢帛之事；酒醋面局，掌管宫内食用酒、醋、糖、浆、面、豆等物；司苑局，掌管宫中各处蔬菜瓜果及种艺之事。

二十四衙门以外，明代宦官还拥有相当多组织机构。如内府供用库、司钥库、内承运库、广盈库、广惠库、广积库、御酒房、御茶房、牲口房、刻漏房、更鼓房、盔甲厂、林衡署、织染所、安乐堂等。内府供用库掌印太监一员，掌宫内及山陵等处内官食米及御用黄醋、白醋、沉香等香，凡油蜡等库俱属之。番经厂内宫，遇万寿、元旦等节，于英华殿作佛事。汉经厂念习释家诸品经，不剃发，佛事毕后仍易内臣服色；番经厂、汉经厂后为嵩祝寺、法渊寺和智珠寺。另有新房、皮房、纸房、酒房、北花房、羊房、秉笔直房、中书房、礼仪房等。还有称“坊”的“石作”，在今北海公园与景山之间，东邻大高玄殿，北为陟山门街，现为大石作胡同，景山前街为小石作胡同。明代地名留至今为街道胡同名者，如内官监，今为恭俭胡同；织染局，今织染局胡同；酒醋面局，今本为酒醋局，后改为东板桥东巷；火药局，今火药局胡同，后增加为火药局一至六条；安乐堂，今安乐堂胡同；黄瓦门，今黄化门街。黄瓦门在北安门内，

磁器库胡同内有南北两条死巷，南者称南巷，
北者称北巷。

是当封区隔库署的墙，俗称“内皇城”，墙东、西有门，称“黄瓦门”，后来讹传为“黄华门”，现名“黄化门”，沿地安门大街东侧至景山东街的墙至今仍保存较完整。

满清入关以后，规定北京内城由旗人居住，汉族官民一律搬到外城，八旗则按军旗颜色定其户籍。顺治五年（1648年）八月十九日，清朝下令原驻内城的汉族官民一律于来年年底以前，全部迁至外城，不得拖延，其在内城原有住房，或卖与旗人，每间折银四两。汉人如到内城寺庙进香，准白天来往，不许在内城留宿过夜，违者治罪。顺治七年，又确定了八旗的顺序，正黄旗、镶黄旗、正白旗为上三旗，负责保卫皇宫，由皇帝直接管理；镶白、正红、镶红、正蓝、镶蓝，为下五旗，由诸王、贝勒统领，守卫内城和周围地区。鉴于明朝宦官之祸，清初撤销了一些明代在皇城内由太监管理的机构，废除了内宫衙门，许多通道开放，紫禁城与皇城之间，准诸王居住。在西华门以里，右翼门之西，清政府设立了内务府，代替明朝的太监衙门掌管皇家的一切内部事务。总管内务府大臣，在满洲文武大臣或王公贵族中遴选。内务府署下设三院、七司，有会计司署、掌仪司署、都虞司署、慎刑司署、营造司署、庆丰司署、奉宸苑等，基本上都分布在西华门外的南、北长街上。允许为皇帝和皇子讲课的翰林院侍讲，以及内务府上三旗的军民在这里居住。为笼络清朝第一个汉人封王的吴三桂，在南长街的西南角建有南府，赐给顺治帝堂妹、恪纯公主的额驸——平西王的儿子吴应熊居住。

到乾隆年间，皇城内已经出现不少规则的街巷胡同，如南池子、北池子、南长街、北长街、内府大街、马神庙街、新开路街、高房胡同、吉祥胡同、琵琶胡同、碾子胡同等。根据清宣统年间北京城图，到了清末，在景山周围出现了数条大街，皇城北有东西向的街道可以通行。皇城内紫禁城外，在旧有胡同基础上新增了很多街巷胡同。新增的胡同有北月偃（芽），南月偃（芽）胡同、铁匠营、松公府夹道、汉花园、钟鼓楼等。皇城内胡同的增加与人口增多有关，到了清朝后期，不少汉人权贵纷纷入住皇城，清朝不许汉人住内城的禁令也成一纸空文，此时皇城内外已无多少区别。据统计，光绪三十四年（1908 年），北京内城有人口共计 414528 人，其中旗人 223248 人，汉人 191280 人。汉人占内城总人口的 46%，这也间接反映出清政府对内城尤其是皇城周围的管理力度减弱。

清朝末年，皇城内增加了近 200 街巷，其中有胡同 69 条。新增的 69 条胡同有：南库司胡同、北库司胡同、南井儿胡同、冰窖胡同、石头缝胡同、箭厂胡同、头发胡同、二条胡同、三条胡同、箭杆胡同、井儿胡同、五所胡同、庙儿胡同、暖阁厂胡同、草垛胡同、椿树胡同、嵩祝寺胡同、神鼓司胡同、椅子胡同、东高房胡同、西高房胡同、东老胡同、中老胡同、西老胡同、碾儿胡同、蜡库胡同、酒醋局胡同、织染局胡同、针工局胡同、巾帽局胡同、火药局胡同、后局胡同、东吉祥胡同、西吉祥胡同、闯道胡同、帘子库胡同、安乐堂胡同、大烟筒胡同、头条胡同、二条胡同、三条胡同、四条胡同、三眼井胡同、井儿胡同、东椅子胡同、西椅子胡同、头条胡同、二条胡同、三条胡同、四条胡同、光明殿胡同、惜薪司胡同、西十库胡同、扁担胡同、剪子胡同、毛窝胡同、东头条胡同、东二条胡同、东三条胡同、东四条胡同、西头条胡同、西二条胡同、西三条胡同、西四条胡同、盒子胡同、雪池胡同、魏家胡同、狗鹰胡同、内官监胡同。

这些胡同的定名，沿袭了明代内官所辖作坊的名称，像内务府所属的箭厂，叫箭厂胡同；御马监西南有暖阁厂，叫暖阁厂胡同；为马圈放草的地方，叫草垛胡同；实在找不出什么名字来，也只好用水井充数，叫井儿胡同。最容易让人误解的是安乐堂胡同、吉祥胡同，名字真是好听，其实都是内官病老有疾者，苟延残喘的地方。吉祥胡同是宫眷的殡仪馆，悲凉景象可想而知。皇家御用之处，“下嫁”给低档的胡同，应该是可喜可贺的事。但在皇宫内，它们仍然是手工业作坊或下等人的集聚地，跟北京胡同的起源，简直没什么两样。

1912年1月1日，孙中山就任临时大总统，宣告中华民国成立。2月12日，清朝皇帝溥仪宣布退位，清亡。随着帝制的取消，皇宫禁地被打破，因政治上的原因和城市交通的需要，对原封闭的皇城墙进行了拆除和改造。《燕都丛考》城池篇记述："皇城四面，历年逐渐拆毁。长安左、右门民国元年即已拆去，仅余门阙，俗所称三座门者是也。乾隆时所增筑之围墙，亦于是年改修。东安门于民国十三年拆去……西皇城根如灵清宫一带，民国六年拆去，以其砖移修大名濠……东黄城根则向南一段，拆于十三四年，向北一段，拆于十五六年。北面皇城拆于十五六年，皇城所余者仅矣。"又按，"皇城南面东西两端与皇城之天安门成一平线，民国初年，于东侧辟南池子门，于西侧辟南长街门，又西侧辟灰厂墙门。于是，南、北长街、南、北池子以及灰池、石板房诸处，昔为行人所不易至者，今俱成为通衢孔道矣。其皇城东面，则辟翠花胡同一门，以通马神庙大学堂之路，北面则辟宛平县署一门，以通德胜门之路。至民国十六年，则城垣尽拆，翠花胡同，宛平县署之新门，亦无余迹"。又记述："皇宫东、西、北三面之外，旧有护宫营房凡数百间，倚濠而墙，借资宿卫。民国十八年，北面一带均行拆卸，于东北西北两隅，建屋各五楹……"

民国初年，首先打通了长安街，拆除长安左、右门两侧的围墙。1913年在南皇城拆出"南长街"和"南池子"两个街口。按照对清室的优惠政策，溥仪退位后仍在紫禁城居住，而将西苑的中、南海让出作为共和国总统府。南海在清时设有南门，建总统府后，在宝月楼下开门，是为新华门。1915年袁世凯做皇帝，改总统府为新华宫。帝制失败后取消新华宫，新华门今仍在。1918年张勋拆卖西皇城根城砖，1926年开

景山东街

通和平门。1926 年至 1927 年北洋政府内务部拆东皇城墙变卖，东安里门同时被拆。东皇城拆除后，玉（御）河也陆续填平成为道路，与皇城墙间陆续建满房屋，形成一个街区，其东即为东黄城根街。

御河为皇城内东西水系之一，两水合会于皇城之东南角。西支即金水河水系，由地安门外西步梁桥入皇城，注入西苑三海后，再分为南北两支：北支由北海内先蚕坛之东出苑墙，经板桥及景山西门，环绕紫禁城，即今紫禁城外的筒子河，在紫禁城太和门前进太庙内金水河。南支由南海之东出苑墙，经织女桥，由天安门前外金水桥经长安左门之北菖蒲河，与紫禁城中的内金水河汇合，过飞虹桥，至皇城东南隅，与东支水系汇合，再向南汇入护城河。至今，金水河包括内外金水河和西苑三海的水系仍保留完好，少部分如织女桥因河道变迁，早已无存。东支即御河，曾是元明通惠河漕运的一部分，河出自什刹海，由地安门外东步梁桥入皇城，经东板桥，至北箭亭折而南，是谓北河沿。再南经东安门内望恩桥、南河沿，至堂子之西，皇城东南隅，于金水河汇合，再汇入护城河。此段河道民国时就已淤塞不堪，中华人民共和国成立后已将该河填平，改为街道，即今南北河沿大街。

光绪二十四年（1898 年）四月二十三日，光绪帝在维新派推动下，接受康有为、梁启超的变法主张，实行新政，下诏提出举办京师大学堂。五月八日，军机大臣、总理衙门奏拟由梁启超起草的《京师大学堂章程》。旋以景山下马神庙、四公主府为大学堂基址，即今景山东街、故宫东北的沙滩和五四大街 29 号红楼处，诏立京师大学堂。1900 年八国联军进北京，京师大学堂被毁停办。光绪二十八年（1902 年），京师大学堂恢复，并按新学制管理，创办于 1862 年洋务运动期间的京师同文馆也并入大学堂。同文馆隶属总理各国事务衙门，并入后改称翻译科，因房屋紧张，又从大学堂析出，

地安门大街

在北河沿一带购房，改名为译学馆。光绪三十四年（1908 年），把京师大学堂优级师范科，独立成为京师优级师范学堂。宣统二年（1910 年）京师大学堂的学生已达 400 多人，他们分别在具有经科、法科、文科、格致科、农科、工科、商科七个学科的班里学习。

京师大学堂，是我国第一所公办综合性大学，也是当时中国的最高教育行政机关。1904 年，京师大学堂选派首批 47 名学生出国留学，这是中国高校派遣留学生的开始。民国元年，京师大学堂改名为北京大学，严复出任校长。其建筑遗存今在沙滩后街 55 号、59 号，现保留有原属于和嘉公主府的正殿、公主院等清式建筑和民国年间建成的数学系楼及“西斋”十四排中式平房。北京大学成立后，该地出现大学夹道、操场大院等胡同名。1917 年，蔡元培任北京大学校长，他“循思想自由原则、取兼容并包之义”，使得北京大学思想解放，学术繁荣。陈独秀、李大钊、鲁迅、胡适等一批杰出人物都曾在北京大学任职或任教，北大因而成为开风气之先的“新文化运动”中心和多种社会思潮的策源地。1952 年，国家对高等院校进行调整，燕京大学、国立北京大学和中国大学合并，建立新的北京大学，寻址于北京西北郊勺园的燕京大学，成为一所以文理基础教学和研究为主的综合性大学，为中国各行业培养了大批人才。

景山周围进一步开禁后，1931 年建成景山前街，东与南北向的景山大街相接，西与西板桥大街（今景山西街）相接。在景山大街之东，形成景山东前街，东与沙滩汉花园相通。马神庙街改名为景山东街，今名沙滩后街。文津街，明清为皇城西安门内的通道，1931 年国立北平图书馆新馆落成，原藏于承德避暑山庄文津阁的《四库全书》移藏于此，遂命今名。中段有明建金鳌玉蝀桥。三座桥大街，位于景山大街之西。1928 年景山公园正式向游人开放，1925 年北海公园对外开放。

随着皇城内人口日益增多，原来的胡同数目也有所增加。如老虎洞胡同增加了东西向的中老胡同和东老胡同、南北向的中老胡同和西老胡同；继三眼井胡同之后，出现二眼井及四眼井；嵩祝寺演变出嵩祝寺夹道、嵩祝寺后身；吉安所分出吉安所左巷和吉安所右巷；吉祥胡同分出东吉祥胡同和西吉祥胡同。旧时按牌、按铺统计人口，胡同的人口增加了，就会分出二条、三条，原火药局胡同便增加了头条到六条胡同。

《都市乐章》

站在高处的屋顶俯视这些老房子，层层叠叠错落有致，那些随意而又有序穿插其中的老旧电线，联系着居住在繁华都市千家万户普通人的情感，演绎出多少动人的故事。

胡同里的北京

北京胡同与名人渊源

不少胡同还直接以名人命名，成为古都北京一道亮丽的风景线。

中华文化是我们民族的生命之源，从史前时代到中华人民共和国成立初期，华夏大地上演绎了一幕幕动人心弦的故事，出现过众多叱咤风云的人物，留下了许多可歌可泣的事迹。名人是一个城市、一个地区文化厚重的标志。首都北京作为辽、金、元、明、清五朝古都，古今名人荟萃，到处都有留下他们的足迹，不少胡同还直接以名人命名，成为古都北京一道亮丽的风景线。

以豪杰人物命名的胡同

苏东坡说过："幽燕之地，自古多豪杰，名于国史者往往而是。"在北京的胡同里，就记录着文天祥、于谦、张自忠、赵登禹、佟麟阁等许多慷慨悲歌之士。

文丞相胡同在东城区交道口南大街东侧，呈东西走向。北起大兴胡同，南止府学胡同，东与桃条胡同相通，西与东旺胡同相通，全长218米，宽4米。明朝属教忠坊，有文丞相祠，抗元名将文天祥囚禁于此。清朝属镶黄旗，乾隆时称靶儿胡同，宣统时称巴儿胡同。民国沿称。1949年后称文丞相胡同。"文化大革命"中一度改称庆新胡同，后恢复原名。今文丞相祠并不在此，而在府学胡同西口，现胡同内均为民居。

文天祥，南宋吉州庐陵（今江西省吉安县）人，初名云孙，字天祥。宋理宗宝祐四年（1256年）进士第一名（状元），考官王应麟认为："是卷古谊若龟鉴，忠肝如铁石，臣敢为得人贺。"与陆秀夫、张世杰并称"宋末三杰"。宋恭帝德祐元年（1275年）正月，元军进兵长江，文天祥捐献家资充当军费，以"正义在我，谋无不立；人多势众，自能成功"，组织义军三万，起兵勤王。谢太后任命文天祥为左丞相兼枢密使，派他出城与伯颜谈判。元军占领临安后，伯颜企图诱降文天祥，文天祥宁死不屈，伯颜只好将他押解北方。文天祥被押送镇江途中，得义士相救脱险，在福州继续抗元战争。祥兴元年（1278年）

冬，文天祥率部向海丰撤退途中被俘，被送到大都关押在府学胡同。文天祥作《过零丁洋》表明心志："辛苦遭逢起一经，干戈寥落四周星。山河破碎风飘絮，身世浮沉雨打萍。惶恐滩头说惶恐，零丁洋里叹零丁。人生自古谁无死？留取丹心照汗青。"

元世祖至元十九年(1282年)八月,元世祖问议事大臣:"南方、北方宰相,谁是渠能？"群臣答道："北人无如耶律楚材，南人无如文天祥。"于是，元世祖拟授文天祥高官显位，但遭到文天祥的拒绝。十二月八日，元世祖召见文天祥，亲自劝降，文天祥说："但愿一死足矣！"元世祖十分气恼，下令立即处死。1283年1月9日（农历十二月九日），年仅四十七岁的文天祥被"戮于燕南城柴市"，即今菜市口稍西的旧柴炭市。文天祥遇害后，有10名江南义士将他的灵柩运至元大都小南门外5里处的道旁埋葬，元末运回江西吉安县富田乡鹜湖大坑虎形山安葬。明洪武九年（1376年），北平按察副使刘崧在关押过文天祥的牢房旧址兴建文丞相祠，与朝阳门外的东岳庙、北安门西的关公庙等九座祠庙共列为"京师九庙"，由皇家安排祭祀。

坐落在西裱褙胡同23号的于谦祠，是明代著名军事家、政治家于谦的故宅。

西裱褙胡同呈东西走向，原是崇文门内大街路东从北往南数的第二条胡同，南侧与麻线胡同相通。明永乐十七年（1419年），将北京城南城墙向南推移二里，此处由城外括入城内。最初，与"东裱褙胡同"统称"表背胡同"，因临近科举考场贡院，胡同内多以买卖字画兼带装裱为业者而名。清乾隆时，"表背"二字改为"裱褙"；宣统时，以闹市口（今北京站街）为界，东段称"东裱褙胡同"，西段称"西裱褙胡同"。电影《梅兰芳》中知识渊博的戏剧理论家齐如山，从1903年至1948年离京去台前，在这条胡同里生活了45年。自1915年起，齐如山先后为梅兰芳编导《一缕麻》《嫦娥奔月》《黛玉葬花》《霸王别姬》等以旦角为主的新戏26部，与李释戡等编写《天女散花》《晴

坐落在东城区府学胡同 63 号的文丞相祠。

雯撕扇》《洛神》《太真外传》《凤还巢》等剧本多达四十余种。梅兰芳每次出国演出，齐如山都亲自协助策划，并随同出访日本与美国。1931年他与梅兰芳、余叔岩、清逸居士、张伯驹等，以改进旧剧为宗旨，组成北平国剧学会，编辑出版《戏剧丛刊》《国剧画报》等，是形成并推进梅派艺术的奠基人。

现在西裱褙胡同留有北京日报社和北京市文物保护单位“于谦祠”。于谦（1398—1457年），明代政治家、军事家、字廷益，官至少保，浙江钱塘人。少年壮志、勤政廉明，写有《咏石灰》为世所传诵：“千锤万凿出深山，烈火焚烧若等闲。粉身碎骨全不怕，要留清白在人间。”明正统十四年（1449年）七月蒙古瓦剌族入侵，英宗兵败土木堡被俘。兵部尚书于谦以“社稷为重，君为轻”，拥立英帝之弟景帝朱祁钰登基，总领军民抗敌。十月初九，也先挟持英宗破紫荆关威胁京师，于谦分遣诸将列阵九门迎敌，经过三昼夜激战，瓦剌军溃败，取得北京保卫战全胜。第二年，英宗获释回京，被安置在今东华门大街南的延安宫、即小南城休养。景泰八年（1457年）正月，代宗病重，武清侯石亨与都督张軏、太监曹吉祥密谋发动政变，史称“夺门之变”或“南宫复辟”。英宗复辟后，遂以“谋逆罪”将于谦杀害。相传于谦被害之日“阴霾翳天，京郊妇孺无不洒泣”。于谦被害后，由其婿朱骥葬于杭州，与岳坟遥遥相望，清袁枚赞曰：“赖有岳于双少保，人间始觉重西湖。”成化二年（1466年）宪宗诏追复官，将其故宅改为“忠节祠”。清经学大师魏源曾题联曰：“砥柱中流，独挽朱明残祚；庙容永奂，长赢史笔芳名。”当我们拜谒于谦故居时，莫不为于公的忠烈而感动，犹如聆听了一节活生生的爱国主义思想教育课。

宣武门外半截胡同浏阳会馆，谭嗣同在戊戌变法时曾住在会馆主房北套间，自题为“莽苍苍斋”。谭嗣同（1865—1898年），字复生，号壮飞。湖南浏阳人，清同治四年二月十三日生于北京宣武门外烂缦胡同。1895年9月，经上海来京与梁启超等取得联系，梁启超称他“才识明达，魄力绝伦”。1898年光绪令谭嗣同入京晋见，下令封谭嗣同、林旭、刘光第、杨锐等四人四品衔，在军机处任职，从事变法和参与新政。1898年9月18日夜，谭嗣同携光绪密诏，只身到法华寺袁世凯的住处，要袁世凯救驾。同年9月21日慈禧发动兵变，谭嗣同把书稿交给梁启超，让他逃走。9月26日清政府逮捕谭嗣同，其28日在菜市口就义。

北京还有三条以现代英烈命名的街巷。1947年3月13日，北平市市长何思源签发《北平市政府户字第59号训令》，将南河沿大街、北河沿大街、铁狮子胡同分别改名为佟麟阁路、赵登禹路和张自忠路，以示对抗日英雄的纪念。1952年6月11日，中央政府主席毛泽东为三位抗日英烈签发烈士证书，这三条由国民党北平政府命名的街道名称得以沿用。

佟麟阁路南起宣武门西大街，北至复兴门内大街，元代是郭守敬开挖的金水河河道。明扩南墙后成河槽，至清演变为“大明濠”排水沟。民国北洋政府时，内务部长兼京都市政公所督办朱启钤主持，利用拆除皇城的城砖，将大明濠改建为地下暗沟，并在地上兴建马路，即南、北河沿大街。1947年，为纪念抗日爱国将领佟麟阁，将上岗以南命名为佟麟阁路，1965年姚斌庙并入。

佟麟阁原名凌阁，字捷云，1892年生，河北高阳人，早年参加护国讨袁战争。“七·七”事变后，时任第29军代军长的佟麟阁命令自卫还击。《北平时报》登载文章说：“佟副军长善治军。二十九军纪律严明，勇于作战。而于老百姓则秋毫不犯，佟将军训练之力也。当七七后，军士于烈日下守城，每一队前，置水一桶，用开水以止渴。商民感激欲泣，竞献西瓜，坚却不受。对老百姓恭而有礼，杀敌则勇猛无伦，堪称模范军人。”1937

年7月28日，日寇由通县、丰台调集陆空军进攻南苑。佟麟阁誓死坚守，争夺由拂晓至过午，双方伤亡均惨重。佟麟阁在指挥右翼部队向敌突击时，被敌机枪射中腿部，部下劝他稍退裹伤，他说："情况紧急，抗敌事大，个人安危事小……"益加奋勇当先。日军见久攻不下，便派飞机前来助战，在敌机的狂轰滥炸中，带伤指挥作战的佟麟阁头部又受重创，在南苑大红门壮烈殉国，时年四十五岁。佟麟阁将军是我国民族抗日中为国捐躯的第一位高级将领，他的遗体，由中国红十字会、冀察政委会外交委员会秘书欧秋夫率警卒十余人于次日在大红门寻获。忠骸运回北平城内，隐姓埋名，寄厝于雍和宫附近的柏林寺。老方丈仰慕将军为国献身精神，保守寄柩秘密，直到抗战胜利。佟将军系满族镶黄旗后裔，其故居在兰涧沟现香山北正黄旗18号院。1946年4月5日清明节，北平市各界在八宝山忠烈祠举行入祀大典，将佟麟阁烈士忠骸移葬于北平西郊兰涧沟山上。

佟麟阁路上今有三处北京市文物保护单位，其中北洋政府时期的参众两院，即民国参议院和民国众议院，在今佟麟阁路62号新华社院内；中华圣公会救主堂在佟麟阁路85号，系圣公会在北京地区建立的第一所教堂，现为北京赛翁信息咨询中心的办公场所。佟麟阁路西在明时名王恭厂，为铳炮、火药制造处。清代废除王恭厂，东段称永宁胡同，西段称后王恭厂，1965年合称永宁胡同。明熹宗天启六年五月初六日巳时（1626年5月30日上午9时），王恭厂发生大爆炸，怪象丛生，至今仍是一个谜团。

赵登禹路北起西直门内大街，南至阜成门内大街。原为河道，明称大明濠、西沟或河槽。清称西河沿，俗称臭沟。民国十年（1921年）改为暗沟，辟建成路，俗称北沟沿。抗战胜利后，更名赵登禹路。1965年将东门楼、燕代胡同并入。

赵登禹字舜臣，山东菏泽人。1914年加入冯玉祥的部队，后任冯的随身护兵。1926

年参加北伐，后任第29军第37师第109旅旅长。其故居在北京鼓楼东南的辛寺胡同，即今辛安里98号东城医院所在地。1933年初，日军将战火引到长城一线，赵登禹奉命率领109旅从蓟县出发，把守喜峰口阵地。同年3月10日，负伤的赵登禹得知日军正在休整，亲自率领三千人冒着大雪，挥舞大刀和刺刀偷袭日军，缴获大批武器、弹药。赵登禹因战功卓著，被授予陆军中将军衔、132师师长。同年7月28日，日军调集重兵并动用30多架飞机向29军阵地发起猛攻，29军军长宋哲元任命赵登禹为南苑指挥官，与副军长佟麟阁一起负责指挥南苑的所有军事力量。日军从东、西两侧攻入南苑，双方陷入肉搏战，赵登禹临危不惧，指挥队伍与日军激烈厮杀。正当他率部经过大红门时遭日军袭击，身中五弹，壮烈殉国，时年47岁。崇敬抗日英烈的龙泉寺老方丈，带领四名僧人连夜出城，在高粱地中寻得将军遗体，抬回陶然亭西的龙泉寺装殓，将灵柩隐藏在寺中八年之久。依照赵将军生前“军人抗战有死无生，卢沟桥就是我们的坟墓”的誓言，1946年7月28日中山公园公祭大会之后，灵柩于次日运至卢沟桥以东2公里处的西道口山坡上安葬。

张自忠路位于地安门东大街以东，呈东西走向，东起东四十条西端，西止地安门东大街东端，南与南剪子巷相通，北与中剪子巷、麒麟碑胡同相通。全长708米，今为平安大街的一部分。明代这条街称“铁狮子胡同”。相传崇祯时田贵妃之父田畹居此，宅第门前有两尊铸铁狮子，故名。《增旧园记》载：“增旧园名天春园，在安定门街东铁狮子胡同，乃康熙年间靖逆侯张勇之故宅也。当明季之世，宅为田贵妃母家，名姬陈圆圆曾献歌舞于此。”后纪念抗日英雄、国民党第三十三集团军司令张自忠上将，改为现名。

张自忠，1891年8月11日出生于山东省临清县。25岁投笔从戎，投奔冯玉祥，历任排长、连长、营长、团长、旅长、师长。“九·一八”事变后，西北军余部改编为国民政府陆军第二十九军，任该军三十八师师长兼张家口警备司令。1933 年初，二十九军奉命参加长城抗战。部队出发前，他召集全师营以上干部开会，张自忠慷慨激昂地说："日本人并没有三头六臂，只要我们全国军民齐心协力，与日寇拼命，就能将日寇打出中国去。国家养兵千日，用兵一时，为国捐躯，重如泰山！"他率所部与三十七师在喜峰口与日军血战，名声大震。"七·七"事变后，任第五十九军（由原三十八师扩编）军长，调赴徐州，编入第五战区序列。1938 年 2 月，奉命支援淮北于学忠部。在固镇指挥五十九军与日军血战七天，夺回曹老集、小蚌埠。同年 3 月，奉命支援临沂庞炳勋部，以一昼夜 180 里的速度及时到达，指挥五十九军在临沂城郊与日军精锐板垣师团进行拉锯战。他抱定"拼死杀敌""报祖国于万一"的决心，经七昼夜鏖战，卒将日军号称"铁军"的板垣师团击溃，保证了台儿庄大战的胜利。不久，张自忠又率部参加武汉会战，重创日寇于河南潢川、大别山一带。同年 10 月率部安全撤回鄂西，升任第三十三集团军总司令，后兼第五战区右翼兵团总司令，在汉水两岸与日寇展开周旋。1940 年 5 月，敌酋冈村宁次调集十余万日军进犯随县、枣阳，他率三十三集团军从外线夹击敌人，带领骑兵第九师及总部手枪营东渡襄河（汉水的一段），拦腰截击敌军主力，在田家集大败日军，连战告捷。日军调集主力，折回反扑。经过七八天的苦战，部队减员甚重，粮弹两缺。1940 年 5 月 18 日，日军冲上杏儿山，他身中七弹，仍呼喊"杀敌报仇"，为国为民流尽最后一滴血。1940 年 5 月 28 日，国民政府为他举行国葬。中共中央在延安举行隆重的追悼会，在祭文中给以高度评价。

张自忠路在中国近代史上有着非常重要的地位。张自忠路 3 号，原铁狮子胡同旧门牌 1 号，俗称"铁 1 号"，清朝时为和亲王府。始王为雍正第五子，至清末共历七世八主。清末改建为陆军部贵胄学堂，末公毓璋迁居东四十条路北。清宣统元年（1909 年）

张自忠路 3 号院位于北京市东城交道口。

撤销贵胄学堂，改为海军部。辛亥革命后成为总统府与国务院所在地。1924年10月，冯玉祥在北京发动军事政变，囚禁贿选总统曹锟，将清废帝溥仪驱逐出皇宫。11月下旬，冯玉祥联合奉系军阀张作霖，成立段祺瑞执政的临时政府，同时电邀孙中山先生北上。1926年3月18日，在中共北方区委的领道下，北京数千群众为抗议帝国主义的无理要求，前往执政府请愿，遭到段祺瑞执政府卫队的血腥屠杀，酿成“三·一八”惨案，鲁迅写有《纪念刘和珍君》。1928年，改为北平卫戍区司令部。“七·七”事变前，为宋哲元二十九军驻北平军部及冀察政务委员会。1937年日军侵占华北，岗村宁次的日本华北驻军总司令部设此，东院为日特务机关兴亚院。抗战胜利后，先后为十一战区长官司令部、北平警备司令部。中华人民共和国成立后划归中国人民大学，现为中国人民大学书报资料中心和清史研究所。一个大院，经历了如此多的风云变幻，这在中国历史上也不多见。

张自忠路5号为中西合璧式建筑，曾是文人荟萃之地。剧作家曹禺，《黄河大合唱》的词作者、诗人光未然，诗人田间，表演艺术家金山，戏剧教育家沙可夫等曾在此居住。郭沫若、田汉、老舍等文坛名宿常在此聚会。1949年欧阳予倩应中国共产党的邀请，从香港回到北京参加第一届全国政协会议，同年11月携全家迁居于此。小楼后面有一排13间中式房子，系欧阳予倩故居。欧阳予倩是我国杰出的戏剧艺术家、戏剧教育家、中国戏剧奠基人之一。在京剧界与梅兰芳齐名，有“南欧北梅”之说。此院原为时子和医院，现为中央戏剧学院宿舍。张自忠路7号曾是顺治第二个女儿的公主府，乾隆十二年（1747年）和敬公主下嫁蒙古科尔沁部辅国公色布腾巴勒珠尔，特准重建为和敬公主府。公主府在北洋政府时曾为陆军部，中华人民共和国成立后成为中央机关办公地点，20世纪80年代改建为中纪委招待所，80年代中期后为和敬府宾馆对外营业。

张自忠路23号在西段路北，街门面阔三间，由东、西三个院落组成。宅院建筑面积 1500 平方米，北部为花园，花园内有假山亭轩，宅院四周有回廊环绕。该处原为外交总长顾维钧的住宅，1924 年孙中山应冯玉祥之邀进京讨论国事，段祺瑞执政府以此为孙中山在北京的行馆。孙中山先生于同年 11 月离开广州，绕道日本北上，同年 12 月 4 日到达天津，受到两万群众欢迎。由于一路颠簸和北地严寒，先生旧病复发。同年 12 月 31 日孙中山先生抵京，受到两万多群众欢迎，随后入住北京饭店。1925 年 1 月 26 日，中山先生被确诊为肝癌，在协和医院接受手术。同年 2 月 18 日，移至行馆接受中医治疗。同年 3 月 11 日，先生自知不起，由夫人扶腕，在《孙中山国事遗嘱》《孙中山致苏联遗书》上签字；同年 3 月 12 日病逝于铁狮子胡同行馆。孙中山先生逝世后，治丧委员会决定在铁狮子胡同孙中山居室门口悬挂“孙中山先生逝世纪念室”匾，外间西墙上镶长方形汉白玉刻石，上刻“中华民国十四年（1925 年）三月十二日上午九时二十五分孙中山先生在此寿终”。刻石上悬挂孙中山遗像，右方镜框内是在此写的《总理遗嘱》，左边镜框为致苏联书，条案上放有《建国方略》《中山全书》，至今均按其生前陈列，现为全国重点文物保护单位。

《家有喜事》

门框上的对联，门前散落的红色爆竹皮，虽然没有人物，但是它让人们想到了这是普通人家的喜事，似乎听到鞭炮响过后，大院里、屋檐下、屋内外亲友们的喧嚣声，似乎看到新人和家属脸上洋溢的笑容，真是此处无声胜有声。

以官衔命名的胡同

北京的胡同，像一本翻阅不尽的历史书，仅以胡同的专名而论，就有以城门、市场、地形、水域、器物、食品、衣物、行业、动物、植物、形状、寺庙、方位、祝愿、驻军等命名的不同，反映了当时的人文地理特征。在古都北京，以名人命名的胡同层出不穷，为我们叙述了他们在不同时期对推动历史进程所做的贡献。当然，古代对名人记述的形式与现在不同，他们在介绍名人时，更在于突出其人的身份地位，以示尊重。古典小说《红楼梦》秦可卿死封龙禁卫一节，贾珍为让丧礼上风光些，不惜平准一千二百两纹银，托请大明宫掌宫内相戴权购买龙禁尉一职，才得到“防护内廷紫禁道御前侍卫龙禁尉享强寿贾门秦氏恭人”的铭旌。所以北京以名人命名的胡同里，往往用官称代替名号，如丰城侯、李阁老等都是对名人的尊称。

《礼记·王制》称：“王者之制禄爵，公、侯、伯、子、男五等。”明北京以赐封为公、侯爵位的人所命名的街巷有：定阜大街、武定侯胡同、泰宁侯胡同、武安侯胡同、丰城侯胡同、永康侯胡同、建平伯胡同、遂安伯胡同、广宁伯胡同等。定阜大街在今德胜门内大街南段的东侧，东起龙头井，西止德胜门内大街。明朝时称定府大街，清代曾名定府楼街，民国时改“府”为“阜”，始名定阜大街。定府指定国公府，系明朝开国元勋徐达后人的府邸。徐达是燕王朱棣的老丈人，朱棣发动靖难之役时，徐达的第四子徐增寿多次给朱棣报信，被建文帝杀死在大殿之下。朱棣做了皇帝，追封徐增寿为定国公，由他十五岁的儿子徐景昌承袭爵位。永乐皇帝迁都北京，定国公也迁府于此。

侯在爵位上比公低一等，武定侯是明初开国功臣郭英的封爵，其妹为太祖之宁妃，其子郭镇驸马娶太祖女永嘉公主，孙女为仁宗之贵妃，郭氏三代与皇室结姻，得以世袭侯爵。永乐迁都北京后，赐郭后人京城官邸。武定侯胡同现改为武定胡同，东起太平桥大街，西至阜成门南顺城街，东西走向。郭英第五代武定侯郭勋，以其权势及财力，雇工刊刻禁书《水浒传》，即著名的明嘉靖“郭武定本”。嘉靖十八年郭勋进封翊国公，得势骄横，“京师店舍多至千余区”，嘉靖二十年因夺没人妻田宅，肆虐无辜而受弹劾，翌年死于狱。清末，郭勋府邸的一部分成为武定侯小学校舍，中华人民共和国成立后府邸的大部和花园为部队大院。

泰宁侯是陈桂的封爵，1368 年跟随大将军徐达北伐，后调入燕山中护卫，被朱棣封为泰宁侯，成为封地在北平的燕王部下。陈珪还是北京建都的工程指挥官，其后代子孙共十三人相继承袭爵位。清代泰宁侯胡同因避宣宗敦宁讳，改称泰安侯胡同，也称太侯胡同。当时，北京南城的西门广宁门也因避宁讳，被改称“广安门”。武安侯是郑亨的封爵，燕王起兵时率部归顺朱棣，在攻占南京等战役中屡建奇功，被派往北方镇守北京，其子孙连续八代继承爵位，直至明亡。后武安侯胡同讹传为武王侯胡同或五王侯胡同，泰宁侯胡同和武王侯胡同于 1965 年分别改名为西四北七条和西四北八条。丰城侯是李彬的封爵，因李彬府邸所在，明称丰城胡同，东起西单北大街，西到太平桥大街，东西走向，清初讹传改称丰盛胡同。在东城也有一条丰盛胡同，与乃兹府（明奶子府）胡同垂直相交，却与李彬无关。前永康胡同，明称永康侯胡同，因永康侯徐忠府邸在此而名。

武定胡同位于西城区中部。东起太平桥大街，西至阜成门南顺城街，原名武定侯胡同。

南与前永康一巷、二巷、三巷、四巷、五巷相通，北与北新一巷、三巷、后永康胡同相通。乾隆时称前永康胡同，宣统时称观音寺，观音寺系明天顺年间所建寺庙。民国三十六年（1947 年）西段改称观音寺，东段改称前永康胡同。1949 年后沿称。1965 年整顿地名时将观音寺并入，改称前永康胡同。

伯在爵位上比侯又低一等。北京以伯命名的胡同，有建平伯胡同、遂安伯胡同、肃宁府胡同和广宁伯胡同等。建平伯胡同在北京站街西，今邮局东侧公平巷所在地。以明朝开国功臣高士文的爵位命名。洪武中，高士文以小校从征云南及金山有功，晋升为燕山左护卫百户。后从成祖起兵，征交阯时中飞石死，追封建平伯。建平伯的爵位在三传至孙时，因无子而以义子为嗣，事觉被除爵。随着建平伯爵位被除，建平伯胡同渐渐被讹传为建干伯胡同、箭杆白胡同，20 个世纪 60 年代，箭杆白胡同与公平当合并为公平巷。遂安伯胡同东起朝阳门的小街，西至西石槽胡同，长约 580 米，胡同北侧有支巷通东石槽胡同，南侧有两条支巷通红星胡同，为遂安伯陈志住地。《明史功臣世表》上说："遂安伯陈志，永乐元年五月丁亥封，禄袭同前，八年五月卒。子：春。孙：陈英、永乐九年八月壬辰袭，宣德二年四日镇永平，七年正月卒。曾孙：埙，正统十一年二月丙寅袭，十四年八月没于土木，谥荣怀。"建金宝街时拆毁。寿比胡同在鼓楼东大街南，原名肃宁府胡同，以明末宦官魏忠贤的侄子肃宁侯魏良卿住此而名。魏良卿，早年在河间务农种田，因魏忠贤之势封侯，后封至宁国公，加太师。崇祯即位后，籍没魏忠贤，魏良卿获罪斩首。乾隆时称绥宁府，宣统时称肃宁府。西段有一熟皮作坊名臭皮胡同，民国三十六年（1947 年）改称寿比胡同，1965 年与肃宁府并称交道口南头条，1979 年改称寿比胡同。广宁伯胡同在西城，东西走向，东起太平桥大街，西到真武胡同。广宁伯刘荣原名刘江，明初抗倭名将，"靖难之役"时屡立战功，由百户升为都指挥佥事。永乐十七年，在镇守辽东重镇广宁卫(今辽宁北镇)时，采取两路夹击战术，致使入侵倭寇全军覆没。捷报传至京城，朱棣大喜，封刘江为广宁伯，并赐名刘荣，以示荣耀。刘荣去世后，朱棣赐谥“忠武”，改广宁伯为广宁侯，赐葬京西石经山。

有的胡同，不列爵位，诸如张皇亲胡同、王皇亲宅、李阁老胡同、王驸马胡同、林驸马街、马状元胡同、马将军胡同、杨布政司胡同、许游击胡同等。张皇亲胡同在德胜门内大街中段路东，民国十四年（1925 年）改名尚勤胡同。据说，张皇亲即明弘治年间的寿守侯张鹤龄。张鹤龄的姐姐是弘治的皇后张氏，张氏册为皇后，皇帝追封张后之父张峦为昌国公，封其弟鹤龄为寿守侯、后晋封公，延龄为建昌伯、后晋封侯。“一侯一伯皆注籍宫禁，纵家人为奸利。”阁老是一种尊称，《三国演义》里的乔阁老，大女嫁孙策，次女嫁周瑜，称阁老。历史上阁老之称最早见于唐代，武则天时狄仁杰被封为凤台阁尚书同平章事，官位相当于宰相，其时已七十有余，故称阁老。明清时，泛指内阁大学士。李阁老胡同在西城府右街南段路西，现名力学胡同。《长安客话》载：“李文正东阳赐第，在灰厂小巷李阁老胡同。”灰厂小巷，即今府右街。李东阳，字宾之，明天顺进士，官至吏部尚书，文渊阁大学士，文章书法均有所长。宦官刘瑾专权时，李东阳保全了一些大臣。胡同西段原有清代进士馆，民国后改为法政大学。东段路南原为交通大学，后改铁道管理学院。

王驸马胡同在东直门内南小街，今名南颂年胡同。驸马是皇室女婿的泛称，始见于《汉书》，汉武帝设官职“驸马都尉”，掌管皇帝出行时正驾外的副驾。至东晋后凡是帝婿皆称驸马，驸马从官职变成了身份。驸马是皇室娇客，地位很高。但作为皇家入赘的女婿，驸马在公主府第居“外舍”，没有公主宣召不能进内室。若公主先死，驸马即出府邸，衣物等须全部交还官家。明嘉靖以前王姓驸马共有三人，据说王驸马胡同为驸马王宁的住宅。明洪武十五年（1382年），王宁成为朱元璋女儿怀庆公主的驸马。朱棣发动“靖难之役”时，王宁暗通朱棣，朱棣继位后被封为永春侯，随朱棣迁都北京住此。林驸马胡同在东城朝阳门南小街路东，现与八大人胡同并称南竹竿胡同。状元是科举考试进士中的第一名，马状元胡同位于西城区东北部，东起护仓胡同，西至于新街口南大街，原称麻状元胡同。清顺治壬辰（1652年）科，满榜状元为麻勒吉，后改名马中骥。1965年改称群力胡同。

此外，还有石大人胡同、班大人胡同、马大人胡同、蒋大人胡同、王大人胡同、八大人胡同、赵府胡同、崔府胡同、赵家楼、祖家街、翟家口、孙家坑、毛家湾、汪家胡同、谢家胡同、蒋家胡同、郎家胡同、佟府夹道、武太医胡同、汪太医胡同、刚太监胡同、山青太监胡同等。班大人胡同，清乾隆年间定北将军诚勇公兵部尚书班第居此。蒋家胡同传是因明朝成化年间谨身殿大学士蒋冕住此。谢家胡同传明成化十一年第一名进士谢迁住处，翟家口传明嘉靖年兵部尚书翟銮之花园在此。赵家楼，传因明隆庆朝文渊阁大学士赵贞吉居此。五四运动中“火烧赵家楼”，烧的就是住此胡同中亲日的外交次长曹汝霖居处。方家胡同，因明时方姓官吏居此。孙家坑，传明嘉靖朝副都御史孙继鲁住此，因孙继鲁出资填平该坑洼地而名。汪家胡同，传清初汪姓官吏居此。郎家胡同传因清朝顺治年间两江总督郎廷佐居此。佟府夹道，后改称同福夹道，传因清顺治、康熙两朝的皇亲国戚佟国纲的府第在此。现东城景山地区西起美术馆后街，东至南剪子巷的东西走向的山老胡同，原名山青太监胡同。三不老胡同，以明三保太监郑和的官三保老爹胡同讹传。

对一些没有官职的名人，民间则称之为“官人”，北京有马官人胡同、高官人胡同、

薛家湾胡同

杨二官胡同等，可惜我们无法确知这些官人的身世。略能有所了解的，当数府右街北口外的刘兰塑胡同。刘兰塑胡同在西安门大街路北，胡同北口旧有元代寺观“元都胜境”，内有刘元雕塑的神像。清乾隆二十五年（1760年）重修，赐名“天庆宫”，后名天庆胡同。刘元是元代著名塑像家，元陶宗仪《南村辍耕录》记曰：“刘元，字秉元，蓟之宝坻人，官至昭文馆大学士、正奉大夫、秘书监卿。元尝为黄冠，师事青州杞道录，传其艺非一，而独长于塑。至元七年，世祖建大护国仁王寺，严设梵天佛像，特求奇工为之。有以元荐者，及被召，又从阿尼哥国公学西天梵相，神思妙合，遂为绝艺。凡两都名刹，有塑土范金，抟换为佛，一出元之手，天下无与比。所谓抟换者，漫帛土偶上而髹之，已而去其土，髹帛俨然像也。昔人尝为之，至元尤妙。抟丸又曰脱活，京师语如此。”清人高士奇《金鳌退食笔记》中也说：“玄（元）都胜境在宏仁寺之西。建于元，相传为刘元塑像。正殿乃玉皇大帝。右殿塑三清像，仪容肃穆，道气深沉。左殿塑三元帝君像，上元执簿侧首而问，若有所疑；一吏跪而答，甚战栗；一堂之中，皆若悚听严肃者。神情动止，恍如闻其謦欬，真称绝艺。”以后“元”被俗讹为兰、銮。《析津日记》载：“京师设像奇古者，曰刘銮塑。说者疑銮与元音近而误。”

南城有以工匠出身的名人、魏家染坊和刘家粉坊命名的街巷，分别叫魏染胡同和粉坊刘家街。魏染胡同源于金代，30号为邵飘萍故居和《京报》馆旧址。邵飘萍，名振青，笔名飘萍，浙江金华人。民国五年（1916年），应《申报》社长史量才邀请抵京，任《申报》驻京特派记者。民国七年（1918年）10月5日在前门外三眼井38号创办《京报》，原址在宣武门外珠巢街，1920年迁至于此。9月20日《京报》复刊，并集资在魏染胡同兴建新报馆。鲁迅先生曾多次到此商议稿件，并亲自主编《京报》的《莽原》周刊。民国十五年（1926年）“三·一八”惨案发生后，邵飘萍因同情国民军和郭松林倒戈反奉，遭奉系军阀政府特务的围捕，两天后被奉系军阀杀害。毛泽东称他是“具有热情理想和优良品质的人”。粉坊刘家街，清末改称粉坊琉璃街，位在魏染胡同南口东侧，北起骡马市大街，南至南横东街，中法战争期间的名将冯子材和清代一些著名的文学家、学者曾住此。戊戌变法的主要人物梁启超，曾住街南 115 号，并在此院的北屋结婚，现居室尚在。

《温馨家园》

由于居住空间狭小，院子外边的夹道就成了人们生活不可忽视的空间，盆栽的花卉过了冬季就移到室外，刚刚洗完的衣服被高挂在架子上，洗衣盆，儿童车，无不充满生活气息，画面不见一人，但是却给人留下想象的空间。

吉安所左巷的革命火种

吉安所左巷在景山公园东北侧，呈南北走向。北接东西向的吉安所北巷，西侧与之平行的吉安所右巷直通黄化门街。现在，每天都有不少人去景山公园晨练，八十年前，这一带也留下了年轻的杨钟健和毛泽东的身影。

黄化门街原名黄瓦门，光绪时称东黄瓦门，后来讹传为黄化门或黄华门，1947 年定名黄化门街。黄化门一带明清时属皇城，是明皇宫御用作坊及仓库集中地。街南设有制造皇帝、太子、亲王所用冠冕、龙袍的尚衣监；掌管内外奏章、督理皇城事务、管门禁、督促供应的司礼监。街北设有办造各宫用帘子、地毯等的司设监。附近还有帘子库、织染局等，清以后渐成胡同。

吉安所的建立得名，在清朝废除二十四监以后。清代废除司礼监，在司礼监建吉祥所，即今吉安所右巷 10 号。20 世纪 50 年代的地图上，吉安所右巷北头的一小段仍然称司礼监。按《钦定大清会典》制度，皇后亡故，在紫禁城内诵经治丧。凡皇贵妃、贵妃、妃丧礼，疾革（病情危急时）自大内移至吉安所，届时入金棺，奉安金棺于正殿。嫔、贵人丧礼，疾革时移至“吉祥房”。吉祥房是普通房间，嫔和贵人死后，都在吉祥房入殓，但嫔可以奉安金棺于正殿，而贵人只能入金棺，不能去正殿。

吉祥房南北长约两百多米，东西宽约一百多米，四周有红墙围绕，院中央建厅房和配套群房，供停灵诵经使用。民国初年，吉祥所改名吉安所，吉祥房西夹道改名吉安所右巷，院东夹道改名吉安所左巷。吉安所北墙外清时称铁匠营，1965年改名吉安所北巷。院南墙外紧靠民居，因该地曾有一口三眼水井，故名三眼井胡同，胡同中段与吉安所左巷南口相连。

吉安所左巷6号，20年代杨钟健曾住此。杨钟健，陕西省华县人，是世界上最有成就的古脊椎动物学者之一。1897年6月1日，杨钟健生于华县龙潭堡，1917年考入北京大学预科。北京大学当时是新文化运动的基地，在这个环境中，他很快便发挥出潜在能力与爱国热忱。早在“五四”运动之前，他就发起组织了“旅京陕西学生联合会”，在报刊上发表揭发军阀暴政的文章。“五四”运动爆发，他积极参与了天安门前的集会和游行，后赴德国留学，在李四光的帮助下进入慕尼黑大学地质系。1927年获哲学博士学位，次年回国入中央地质调查所工作，负责周口店的现场发掘。年仅24岁、刚从北京大学地质系毕业一年的裴文中担当了杨钟健的助手。1929年，杨钟健因去山西、陕西研究华北的地质，由裴文中负责周口店的发掘工作，最终发现“北京人”头盖骨化石，被国外学术界誉为古人类研究史中最为动人的发现。杨钟健一生共发表专著二十多种、学术性文章五百多篇，为中国的古脊椎、古人类学研究贡献了一切。杨钟健逝世后，许德珩手书“浪淘沙”：“五四风雷年，六十年前，共驱国贼救时艰；同学少年君与我，战友情牵。”

也许是天道使然，1918年8月毛泽东来北京后，恰恰住在杨钟健的隔壁，当时的景山东街三眼井吉安所夹道7号，现吉安左巷8号院内。两大名人比邻而居，自然会碰出不同凡响的火花。笔者查阅史料时，终于找到一封1921年毛泽东写给杨钟健的信。杨钟健在 1921 年至 1922 年担任“学会少年中国”执行部主任。少年中国学会系李大钊和王光祈发起，由向往俄国十月革命、反对日本侵占山东而归国的留日学生以及从事爱国运动的学生组成，会员最后达到 108 人。毛泽东、恽代英、邓中夏、高君宇、蔡和森、赵世炎、张闻天、许德珩等都参加了这个组织。北大校长蔡元培当时曾评价说：“现在各种集会中，我觉得最有希望的是少年中国学会。因为他的言论，他的行动，都质实得很，没有一点浮动与夸张的态度。”

毛泽东在 1921 年 9 月 21 日的信中写道：

钟健先生：

前几天接到通告，知先生当选执行部主任。今日又接来示，嘱补填入会愿书，今已照填并黏附小照奉上。惟介绍人系王君光祈为我邀集五人，我现在只能记得三人，余二人要问王君才能知道。以后赐示，请寄长沙潮宗街文化书社为荷！

弟 泽东

二十九日

看来，他们是经常有所联系的。

毛泽东第一次来北京，和他在第一师范读书时的恩师杨昌济有关。杨昌济，湖南长沙县人，出身诗书世家，在苏格兰勒伯丁大学哲学系学习时，与中国留学生章士钊相识。杨归国后，先后在湖南省立第四师范、第一师范任教。在第一师范教书时，杨先生注意到了毛泽东，他曾在日记中写道：“毛生泽东，言其所居之地为湘潭与湘乡连界之地……渠之父先亦务农，现业转贩，其弟亦务农。其外家为湘乡人，亦农家也。而资质俊秀若此，殊为难得。”1917年，章士钊担任北京大学教授，向校长蔡元培推荐了杨昌济。主张“思想自由，兼容并包”办学的蔡元培，便以校长名义，给杨昌济寄去北大哲学（伦理学）教授的聘书。于是，1918年6月，杨昌济偕妻子向振熙、儿子杨开智、女儿杨开慧，住进了文化底蕴深厚的豆腐池胡同9号（现15号）。豆腐池胡同在吉安所北的鼓楼后身，东西走向。明代属金台坊，称豆腐陈胡同，因陈姓豆腐房而名。清乾隆时讹传为豆腐池，1965年将西段娘娘庙并入，名豆腐池胡同。豆腐池胡同15号（原9号）是一所坐北朝南的两进院子，院子全长30余米，宽12米。里院北房住家属；杨先生住外院北房的东边，女儿杨开慧住西边；南倒座两明一暗，西侧两间是会客室，东侧的一间招待客人。大门开在东南角，杨昌济入住后，在院门挂起“板仓杨寓”的铜牌。

杨昌济来京任教后，感到蔡元培、吴玉章组织的留法勤工俭学活动很好，随即写信给在湖南的得意弟子毛泽东、蔡和森，希望他们到北京来，参加去法国的“勤于做工，俭以求学”。接到杨先生的信，蔡和森离长沙来到北京，与蔡元培、李石曾联系赴法的准备工作。8月15日，毛泽东向朋友借了钱，与他和蔡和森组织的新民学会会员罗学瓒、萧子升、张昆弟、罗章龙、李维汉、李富春、贺果、任理、陈赞周等一行25人北上。19日毛泽东来到北京，他和蔡和森住在杨先生家的南屋，并与杨开慧产生了炽热的爱情。毛泽东给杨开慧写了许多信，在一首《虞美人》中写道：“堆来枕上愁何状，江海翻波浪。夜长天色总难明，寂寞披衣起坐数寒星。晓来百念都灰烬，剩有离人影。一钩残月向西流，对此不抛眼泪也无由。”以此表示爱意。1920年冬天，他们在湖南第一师范附小的教师宿舍自由结婚。

由于来京的新民学会会员居住分散，毛泽东等在当时北京大学附近的吉安所租了三间房，作为公寓。吉安所左巷8号，在胡同中段东侧，院墙为外罩灰皮的碎砖墙，街门面西，是一个随墙“小门楼”。院内北房三间，东西耳房各一间，东房两间，占地面积为213平方米，每间住房面积不足十平方米。同住在此的还有蔡和森、萧子升、陈绍林、陈昆甫、罗子钻、罗章龙、欧阳玉山等。毛泽东在《新民学会会务报告》中说：“八个人居三间很小的房子里，隆然高炕，大被同眠，我自己在北京的生活是十分清苦的，可是另一方面这座古代都城的美，对于我可算是一种补偿。”1919年春天，湖南赴法勤工俭学的学生结束了半年预备班的学习，就要起程出洋。这时传来毛母病重的消息，毛泽东“不得不赶回服侍”。同年3月12日，毛泽东离开北京，转道上海回湖南。当年12月18日至次年4月11日，为驱除作恶多端的湖南督军张敬尧，毛泽东率赴京驱张代表团第二次来到北京，租住在几近荒废的北长街22号福佑寺。

北长街位于紫禁城之西，西华门外，昔年南向无门可出。民国三四年，开辟新街，在街口修建一座高大的拱门，门额题镌“南长街”，即今南长街南口的大门，以后始能达西长安门。南长街南段路西有南花园，明时曰灰池，种植瓜蔬，于炕洞内烘养新菜，以备春盘荐生之用。立春日进生萝卜，名曰咬春。清代改为南花园，园杂植花树，凡江宁、苏松、杭州织造所进盆景，皆付灌植。“秋时收养蟋蟀，至灯夜则置之鳌山灯内，乐罢忽闻蛩声自鳌山出。”北长街北段路东有福佑寺，清圣祖玄烨在紫禁城外的避痘处。雍正元年，将康熙这处“潜邸”改成福佑寺，后殿供奉着康熙的牌位，民间遂讹传为雨神庙。后为班禅驻北平办事处，中华人民共和国成立后为班禅驻京办事处。

1920年1月，杨昌济病重住进医院，弥留之际他给好友、时任广州军政府秘书长、南北议和代表章士钊写信，举荐毛泽东和蔡和森道：“毛蔡二君，当代英才，望善视之！”“吾郑重语君，毛蔡二子海内人才，前程远大。君不言救国则已，救国必先重二子。”经杨昌济介绍，毛泽东得到李大钊担任主任的北大图书馆工作。同年1月17日，杨昌济病逝于北京德国医院，终年49岁。同年2月中旬，杨的灵柩在夫人向振熙和儿女的护送下，归葬长沙县板仓。毛泽东后来回忆说："给我印象最深的教员是杨昌济，他是从英国回来的留学生，后来我同他的生活有密切的关系。他教授伦理学，是一个唯心主义者，一个道德高尚的人。他对自己的伦理学有强烈信仰，努力鼓励学生立志做有益于社会的正大光明的人。我在他的影响之下，读了蔡元培翻译的一本伦理学的书。我受到这本书的启发，写了一篇题为《心之力》的文章。那时我是一个唯心主义者，杨昌济老师从他的唯心主义观点出发，高度赞扬我的那篇文章。他给了我一百分。"

毛泽东再次来京，积极组建"旅京湖南各界联合会"和"旅京湘人驱张各界委员会"，还成立平民通讯社并任社长。他起草了大量驱张宣言、通电、文稿，分送京、津、沪、汉各报发表。1920年12月28日，毛泽东在湖南湘乡会馆召开"旅京湖南各界驱张运动大会"，会上他大声疾呼"张毒不除，湖南无望"。他的演讲慷慨激昂，有理有据，赢得了阵阵掌声。湖南湘乡会馆在菜市口略西的烂缦胡同101号，光绪十三年（1887年）八月曾国藩创建。《北京湖南会馆》载："馆共三十六间，内设戏台一座、文昌阁楼一座、东厅署、望衡堂、西厅及中庭均宽敞，为平时集会之所。"民国后逐渐成为湖南同乡、学子赴京求学或谋生的旅居地。有资料称，毛泽东不仅在这里召开过驱张大会，还曾在会馆居住过一段时间。

1920年1月18日，毛泽东还与在京的"辅社"成员罗章龙、邓中夏等在慈悲庵内，商讨驱除湖南军阀张敬尧的斗争。会后在慈悲庵山门外大槐树前合影，留下了珍贵的影像。同年8月16日，周恩来与觉悟社成员和李大钊领道的少年中国学会等进步团体二十多位代表也来到慈悲庵集会，讨论"五四"运动以后革命斗争的方向及各团体联合斗争问题。1921年夏，李大钊通过少年中国学会会员陈愚生，以其夫人金绮新葬于陶然

慈悲庵坐落于陶然亭公园湖心岛西南的高台上，又称观音庵。历史上这里是文人墨客汇集赋咏之地，曾留下许多传诵一时的诗篇。庵内的陶然亭又是近代革命志士的秘密集合场所。

亭畔守墓为名，租赁了慈悲庵南房两间，作为进行革命活动的据点。到1923年间，邓中夏、恽代英、高君宇等常来此参加会议。至今公园锦秋墩的北坡上，还埋葬着革命志士高君宇和石评梅。因此，慈悲庵有“人民革命的摇篮”之称，在人民的心目中成为北京的一处革命遗址。

陶然亭在西城区南部，园内慈悲庵，现存辽寿昌五年（1099年）石幢、金天会九年（1131年）石幢、《陶然亭吟》石刻、《陶然亭记》石刻等。清康熙三十四年（1695年），时任窑厂监督的工部郎中江藻在慈悲庵园内建亭，并取唐代诗人白居易“更待菊黄家酿熟，共君一醉一陶然”之诗意，为亭题额曰“陶然”，公园名称也由此而来。公园北门处建有窑台、系唐窑遗址，台顶原建有火神庙，乾隆年间又建水神庙真武殿，道人夏搭凉篷、设茶具，供游人品茗、消暑；重阳后“苇花摇白，一望弥漫，可称秋雪”，野趣颇佳，是明清以来士人名流宴游觞咏之地。鸦片战争时林则徐、龚自珍、魏源、黄爵兹，戊戌变法时康有为、梁启超、谭嗣同，辛亥革命前的秋瑾等常来这里。1950年底，毛泽东由罗瑞卿陪同，到陶然亭故地重游。他看到慈悲庵前的老槐树，抚今追昔，指示说：“陶然亭是燕京名胜，这个名字要保留。”1952年，北京市清理扩展景区环境，陶然亭成为中华人民共和国成立后北京市首家开辟的公园，1978年8月列为北京市文物保护单位。

《秋光明媚》

古老北京是一座各民族、各地方人士汇聚的地方，南北混杂，东西融合，由此也带来不同的建筑风格和特点，正是这样，才使得南城的胡同建筑丰富多彩，移步换景，也是人们喜欢逛胡同的原因所在。此处民居明显带有河北白洋淀的风格，平顶、花墙，格外与众不同。

胡同里的中国文化保护人

在中华文化史上，有一批举足轻重的人物，像推进甲骨研究的王国维、“中国猿人”之父裴文中、被誉为敦煌保护神的常书鸿、守护北京城的梁思成等。他们身在胡同，心怀报国，为保护、继承和发扬祖国历史文化贡献了自己的一生。

在东城景山地区，北河沿大街迤西的“水簸箕胡同”内，有条东西向的织染局胡同。明代，胡同内有“内织染局”，胡同因之而名。内织染局为明内府二十四衙门之一，职掌“染造御用及宫内应用缎匹绢帛之类”，属宫廷官署，由宦官掌控。其下属单位包括朝阳门外的生产场所“外厂”，以及建在城西北的颜料基地“蓝靛厂”。如今，朝阳门外的“外厂”已无端倪可寻，海淀区的“蓝靛厂”地名仍存。清雍正十一年（1733 年），将“织染局”改建为“嵩祝寺”。乾隆十六年（1751 年），将织染局“移万寿山之西，与稻田毗近，立石曰《耕织图》”，把机器上的“织染局”三个字也改用《耕织图》作为标识。乾隆三十七年，“嵩祝寺”移地重建，此地成为“华严寺”，今为“织染局小学”。宣统时称织染局，民国后沿称，1965 年改称织染局胡同。

织染局胡同 29 号，旧门牌织染局 10 号，在胡同西口路北，坐北朝南。原有座二进宅院，后被改造成一个院落，街门西侧为四间倒座南房；北房三间，两侧各有耳房一间；南房

织染局胡同位于东城区西部，东起水簸箕胡同，西至东板桥街，南与后局大院相通，北邻北河胡同，属景山街道办事处管辖。长约300米，胡同南侧有两条支巷通“后局大院”。

和北房均为带前廊的起脊瓦房。1923 年 6 月，国学大师王国维出任清逊帝溥仪的“南书房行走”之时，搬入织染局 10 号。现因御（玉）河改造工程已拆除。1925 年 4 月，王国维应清华国学研究院主任吴宓之聘任教，迁居清华园西院 17 号、18 号。王国维生于 1877 年，字伯隅、静安，号观堂、永观，汉族，浙江海宁盐官镇人。清末秀才。我国近现代在文学、美学、史学、哲学、古文字、考古学等各方面成就卓著的学术巨匠，国学大师。1898 年，王国维从家乡来到上海，在梁启超办的《时务报》里作抄写和校对工作。《时务报》关闭以后，他又到罗振玉兴办的东文学社作庶务。由于他聪明好学，罗振玉很器重他，并在 1901 年资助他去日本东京理化学堂读书。王国维回国后，在罗振玉创办的《教育世界》杂志担任主笔。

王国维的兴趣非常广泛，他先是钻研哲学和文学，发表过《红楼梦评论》《人间词话》《叔本华和尼采》等著作。同时他又研究戏曲、音律，撰写了在古典戏曲史方面占有重要地位的《唐宋大曲考》《宋元戏曲考》。辛亥革命以后，他随罗振玉侨居日本，开始接触甲骨文，从此和甲骨文结下不解之缘。1917 年王国维发表了《戬寿堂所藏殷墟文字》和《殷卜辞中所见先公先王考》。在后一篇文章里，他根据甲骨文中出现的帝王祖先名号和受祭次序，订正了《史记・殷本纪》中的一些讹误。郭沫若对王国维所做的贡献曾给予高度评价，他说：“卜辞的研究，要感谢王国维。是他，首先由卜辞中把殷代的先公先王剔发了出来，使《史记・殷本纪》和《帝王世系》等书所传的殷代王统得到了物证，并且改正了他们的讹传……我们要说，殷墟的发现，是新史学的开端；王国维的业绩，是新史学的开山，那是丝毫也不算过分的。”王国维在甲骨文字的研究上，对国内外影响很大。比如，他通过对商王世系称谓的研究，确定了一些甲骨的具体时代，为甲骨文断代研究开辟了可贵的先例；由于年代久远，甲骨出土时大部成为碎片，他首次把碎裂的甲骨缀合，恢复本来面目，不仅解决了商代世系的一些重要问题，也启示后学者，把缀合作为研究甲骨学的一个重要方面；在治学方面，他重视把地下出土实物资料与古典文献相互印证，叫“二重证据法”，用这种考证方法，他证明了《史记》所叙的商史大部分是可靠的实际记录。经过罗振玉和王国维的努力，对甲骨文所属的时代和商王世系、商代历史都有了新的了解，一些单字可以辨认，使甲骨文的考释工作进入新的里程碑。

1924，冯玉祥发动“北京政变”，驱逐溥仪出宫。王国维引为奇耻大辱，愤而与罗振玉等前清遗老相约投金水河殉清，为家人严视得免。1927年6月2日，王国维留下“经此世变，义无再辱”的遗书，投颐和园昆明湖自尽。王国维的弟子王力洒泪写下《哭静安师》：“似此良师何处求？山颓梁坏恨悠悠。一自童时哭王父，十年忍泪为公流。”为国学史留下了最具悲剧色彩的“谜案”。

裴文中先生故居在南锣鼓巷59号，该院曾是洪氏祠堂，为洪承畴故居。洪承畴，福建南安人，明末大将。1642年，洪率20万大军与清兵决战于松山，全军覆没，被俘降清。原宅门在方砖厂东口路北，院内房屋大部分经过改建，仅存北房3间，为清早期建筑。1929年，中国古人类学家裴文中在龙骨山发掘出第一颗完整的“北京猿人”头盖骨化石，并找到了“北京人”生活、狩猎及使用火的遗迹，把人类历史向前推进了50万年。从那时起，周口店北京猿人遗址就成为国内外著名的文化圣地，在当今世界古人类学研究中有着不可替代的地位。

裴文中生于1904年，直隶丰南（今河北唐山市丰南区）人，是中国旧石器考古学和第四纪哺乳动物学的奠基人，中国古人类学创始人之一。1921年裴文中考入北京大学预科，1923年转入本科地质系，1927年毕业后到北京地质调查所，1928年参加周口店的发掘工作。周口店的考古发掘始于1918年2月，当时中国北洋政府聘任的农商部矿

鼓楼东大街南北为著名的南北锣鼓巷地区。明代称锣锅巷，因巷路面中间高两端低，形如罗锅而名。清乾隆时，随着人口增多，分为南锣鼓巷和北锣鼓巷。

业顾问、地质和考古学家瑞典人安特生，从在北京教书的一位外国人那里了解到，周口店村附近有动物化石，他立即对该地区的煤矿进行调查。1921 年春，安特生偕奥地利古生物学家师丹斯基、美国人格兰阶，到周口店实地考察。在龙骨山石灰岩溶洞的堆积物里，他们发现了一些白色的石英碎片，找到了大量肿骨鹿、犀牛等哺乳动物化石，还有两颗可疑的牙齿化石，一颗为石化很深的人类上臼齿，另一颗为尚未露出颌骨的人类前臼齿。根据挖掘出的化石年代，可以判断这些堆积物大约形成于 50 万年前。安特生对师丹斯基说：我有一种预感，我们祖先的遗骸就躺在这里，现在唯一的问题就是找到它。由于中国那时还没有这方面的学科和人才，1923 年，研究人员把带着化石的土石运到瑞典的乌普萨拉大学，在维曼教授的实验室里进行内业整修。以后几年里，从周口店发掘出来的东西，都陆续被送到这个实验室，整理出不少属于旧石器时代的工具。1926 年，师丹斯基从化石中认出一颗属于人类而不属于猿人的牙齿。同年 10 月中旬，瑞典皇太子、国际著名的考古学家和文物鉴赏家古斯塔夫·阿尔道夫即将访华，几年来，安特生在中国的研究经费，都是由他领导的机构提供的。为了表示对皇太子的感谢，学者们决定在他来华时，宣布这个重大发现。1926 年 10 月 22 日，在协和医院小礼堂内，安特生正式向外界宣布，在北京周口店发现了人牙化石。中国史学家梁启超和法国古生物学家德日进，也分别做了学术报告。周口店发现人牙化石的消息，让每一个在场的人都激动不已，这引起了中外学术界的震动，令世界研究人类起源问题的科学家看到新的曙光。

1927 年春，经加拿大人类学家步达生教授的不断努力，美国洛克菲勒基金会答应出资两万四千美元赞助周口店的发掘。步达生时任北京协和医学院解剖学系主任，他深知中国国情，希望与中国地质调查所合作共同发掘周口店。经过磋商，双方达成了一份协议。协议书第三款关于化石采集品权属问题规定：“一切采集到的标本，归中国地质调查所所有，但人类学材料，在不运出中国的前提下，由北京协和医院保管，以供研究之用。”发掘项目由曾任该所所长的中国地质学家丁文江担任名誉主持人，实际事务由以中国地质调查所所长翁文灏和步达生为首的体质人类学研究机构商定，中国地质学家李捷和瑞典古生物学家步林共同负责周口店的发掘工作。1927 年的正规挖掘除获得 500 箱化石材料外，还发现了一颗保存极好的人类下臼齿。步达生对这颗人牙进行了仔细研究，并根据它的性质和在地理分布上的意义，首次提出了一个古人类的新种属——中国猿人北京种，以后又根据美国学者葛利普的提议简称“北京人”，并认定“北京人”的生存年代是第三纪，距今大约 50 万年。此后，“中国猿人”和“北京人”这两个名字一并使用。

1928 年，从德国学成归来的古脊椎动物学家杨钟健接替了李捷的工作，负责周口店的现场发掘。年仅 24 岁、刚从北京大学地质系毕业一年的裴文中担当了杨钟健的助手。1929 年，杨钟健因去山西、陕西研究华北的地质，由裴文中负责周口店的发掘工作。这一年 12 月 2 日下午 4 点多钟，太阳已经下山，寒风凛冽，山洞中一片昏暗。由于战争影响，洛克菲勒基金会的代表，已经有了不愿再投资的想法，挖掘工作随时都有停工的可能，所以考古学家还在紧张地工作着。这时，挖掘人员在巨大的洞口深处，发现向南方向有一段特别窄的洞口。裴文中闻讯后，立即亲自下洞察看。他找来绳子系在腰间，艰难地到了洞底，顺着昏暗的灯光慢慢前行，突然，他发现了一半露在外面另一半还埋在硬土里的扁圆形东西。“是头骨！”裴文中不由得惊叫起来。他用撬棍撬了一下，头骨崩出了土层。从破碎的部分来看，这个猿人头骨比现代人的头骨要厚得多。他兴奋极了，连夜小心挖出，第二天天未亮，用旧棉被包裹好“北京人”头盖骨化石，像带一件普通行李那样，小心翼翼地把这件宝物送到北京。这时北平已经成立了新生代研究室，行政上属于中国地质调查所，办公地点在王府井附近的协和医学院，名誉主任是步达生。

步达生仔细观察后确认，确是猿人头骨。20多天后，经过步达生的精心修复，头盖骨标本被修复出来。28日，裴文中所在的北平地质调查所举行学术会议，发布了“北京人”头盖骨被发现的消息，并宣告了发掘经过及专家的研究报告。消息一经公布，很快成为全球学术界爆炸性新闻。这一发现为“从猿到人”学说提供了重要依据，被国外学术界赞同进化论的科学家们誉为古人类研究史中最为动人的发现。1936年，考古学家贾兰坡又在这里发现了三个“山顶洞人”头盖骨化石。1973年，在龙骨山的东南角，发现距今十万年的“新洞人”遗址，北坡山顶还发现动物化石118种。这一系列重要发现，为研究人类的起源问题提供了重要依据。但截至田园洞化石被发现前，除1949年以后发现的“北京人”七枚牙齿、一段上臂骨、一段腿骨化石外，此前发掘出的化石均在第二次世界大战期间遗失。

被誉为敦煌保护神的常书鸿，于1980年3月来到离圆明园正门不远处的海淀乡，住进长子嘉陵为他们夫妇准备的东厢房。当时，常书鸿调京出任国家文化部顾问，住房尚未落实。半年多后，便搬到木樨地27号的楼里。木樨地在阜成门外西南部，明朝时在北京各城门外派兵种植苜蓿，为皇帝的御马提供饲料。清代成村，称苜蓿地，民国时讹为木樨地。《明世宗实录》载，嘉靖七年（1528年）七月，“九门苜蓿地上，计一百一十顷有余。旧例：分拨东、西、南、北四门，每门把总一员，官军一百名，给领御马监银一十七两，赁牛佣耕，按月采集苜蓿，以供刍牧。至是，户部右侍郎王軏等查议，以为地多遗利，军多旷役，请于每门只留地十顷，令军三十名仍旧采办，以供内厩喂养”。今永定门外尚留有地名木樨园。

常书鸿从他在巴黎看到伯希和从敦煌掠来的绢画开始，直到1994年6月23日去世，他的一生便与敦煌紧紧地连在了一起。常书鸿，满族人，1904年生于浙江杭州。1927

木樨地在阜成门外西南部，明朝时在北京各城门外派兵种植苜蓿，为皇帝的御马提供饲料。清代成村，称苜蓿地，民国时讹为木樨地。

年考入法国里昂中法大学公费生，1933 年进入巴黎高等美术学校——新古典主义画家、法兰西艺术院院士劳朗斯画室学习。所绘《沙娜画像》被巴黎近代美术馆收藏，《裸妇》在 1934 年里昂春季沙龙展中获得美术家学会的金质奖章并被收藏。正当他的事业如日中天之际，一本图册改变了他的人生。1936 年，他在巴黎塞纳河畔的一个旧书摊上，偶然看到由伯希和编辑的《敦煌石窟图录》。他惊呆了，卖书的人对他说："还有许多彩色的敦煌绢画就在前边不远的吉美博物馆，你不必买它了，还是亲自看看再说吧。"常书鸿回忆道："我来到吉美博物馆，那里展览着大量伯希和从敦煌盗来的唐代大幅绢画。有一幅是 7 世纪敦煌佛教信徒捐献给敦煌寺院的《父母恩重经》。时代早于文艺复兴意大利佛罗伦萨画派先驱者乔托七百年。这一事实使我看到，拿远古的西洋文艺与我们敦煌石窟里的艺术相比较，无论在时代上或艺术表现技法上，敦煌艺术更显出隽永先进的艺术水平，这对于当时的我真是不可思议的奇迹。因为我是一个倾倒于西洋文化的人，而且曾非常自豪地以蒙巴那斯的画家自居，言必称希腊罗马，现在面对祖国如此悠久灿烂的文化历史，自责数典忘祖，真是惭愧之极，不知如何忏悔才是。""我决心离开巴黎，而等待着我离开巴黎的是蕴藏着千数百年前敦煌民族艺术的宝库。"

千佛洞是莫高窟的俗称，位在甘肃省敦煌市东南 25 公里处，经历代兴建，至今保留有从十六国、北魏、西魏、北周、隋、唐、五代、宋、西夏、元十个朝代的洞窟 492 个，壁画 4.5 平方米，彩塑像两千身，是世界现存佛教艺术最伟大的宝库。洞窟开凿于鸣沙山东麓断崖上，南北长约 1600 多米，上下排列五层、高低错落有致、鳞次栉比，壮观异常。光绪二十五年（1899 年），道士王圆箓在清理淤沙时，在第 16 窟（现编号）偶然发现了被封闭在北侧甬道壁里的洞窟，内有从 4 世纪到 11 世纪（即十六国到北宋）的历代文书和纸画、绢画、刺绣等文物五万多件，这就是著名的"藏经洞"。几十年来，经国内外学者不断地研究，由此衍生专门的学科——敦煌学。

藏经洞发现之后，王道士徒步行走五十里，两次赶往县城找敦煌县令要求保护。以后又行程八百多里，赴酒泉报请安肃兵备道的道台。他还给慈禧上书，但都没得到上层官吏的重视。1907 年，英国考古学家斯坦因来到敦煌，以兴修道观为名，用两百两银换取了二十四箱写本和五箱艺术品。1914 年，斯坦因再次来到莫高窟，又以五百两银购得了五百七十段敦煌文献。这些藏品大都捐赠给了大英博物馆和印度的一些博物馆。1908 年，精通汉学的法国考古学家伯希和赶到敦煌，以六百两银获取了一万多件敦煌文书，现大都入藏法国国立图书馆。第二年，伯希和邀集罗振玉和另一些名学者王仁俊、蒋斧、董康等人到六国饭店，当众展示《老子化胡经》等敦煌珍本，致使罗振玉等痛惜不已，罗立即报告给学部。当月，罗振玉在《东方杂志》发表《敦煌石室书目及其发现之原始》，接着相继刊印罗振玉《鸣沙石室佚书》《鸣沙石室古籍丛残》，王仁俊《敦煌石室真迹录》，罗振玉和蒋斧《敦煌石室遗书》等。在罗振玉的奔走下，学部拨款库银六千两，让敦煌县令陈藩尽量收集失散的经卷文物。转年，由新疆巡抚何彦升负责，把封存在藏经洞内的文献古物全部解送到北京。一路上大小官卡雁过拔毛，巧取豪夺。文物运到北京打磨厂时，何彦升竟让儿子何震彝把车子接进他家，由何震彝和他的岳丈李盛铎，以及刘廷琛、方尔谦等又窃取一番，然后将长卷一撕为二来充数。当大车进入京师图书馆时，总卷数 8697 号，仅仅是它出土时的五分之一。

罗振玉等第一批研究敦煌遗书开山之作的发表，立即得到具有强烈社会责任心的知识界的热切呼应，对敦煌遗书的收集、校勘、刊布、研究也全方位展开。刘半农留学法国，在巴黎国家图书馆抄录了一百多件写本，他的《敦煌掇琐》是把流散的文本抄录回国出版的第一书。紧接着姜亮夫倾尽家财自费赴欧，学者向达、王重民、于道泉、王庆菽等

敦煌莫高窟，俗称千佛洞，坐落在河西走廊西端的敦煌。

背负使命，奔赴巴黎与伦敦查寻遗失的国宝。他们整日埋头在博物馆和图书馆里，抄录收藏在那儿的敦煌遗书，并设法拍成微缩胶片，编辑出版王重民《巴黎敦煌残卷叙录》，姜亮夫《瀛涯敦煌访古劫余录》，向达《伦敦所藏敦煌卷子经眼目录》《记伦敦所藏的敦煌俗文学》等。画家关山月、黎雄才、吴作人、谢稚柳、董希文、潘洁兹等则奔往西北临摹壁画。潘洁兹是浙江宣平人，擅长中国画。1937 年入伍，在张自忠将军部下搞宣传，以后到国立敦煌艺术研究所从事古代壁画的临摹研究工作，1951 年调北京参加筹备敦煌文物展览。潘洁兹家在后海银锭桥西侧的北官房 17 号，这一带保留着大量典型的四合院和北京传统建筑。近日西城区对北官房及什刹海周边大金丝、小金丝、南官房、龙头井等 15 条胡同的破旧房屋和院墙进行修缮，开展三轮车胡同游，让游客随处领略老北京的风情。

1941 年春，享誉海内外的国画大师张大千，不顾家人与亲友的反对，也踏上了去往敦煌的艰难旅程。在那里他工作了两年七个月，耗资五千余两黄金，临摹莫高窟壁画二百七十六幅，并将之宣传介绍，使敦煌艺术宝库为国人和世界广为瞩目。亏得张大千和于右任的努力，教育部决定聘请常书鸿担任“国立敦煌艺术研究所”筹委会副主任。1943 年 3 月常书鸿偕妻子儿女，带领李赞廷、龚祥礼、陈延儒、辛普德、刘荣曾等乘坐一辆敞篷大卡车，一路风尘地到达敦煌。不久，他在北平艺专和杭州艺专授业时的高足董希文、张琳英、潘絜兹、张民权、李浴、周绍淼、乌密风等，卖掉衣物自筹经费，千里迢迢赶到敦煌。1944 年元旦，敦煌艺术研究所正式成立，常书鸿任所长，徐悲鸿和梁思成都是他的支持者。常书鸿一到千佛洞，就感到自己的生命似乎已经与它们融合了。“我离不开它们。”常书鸿如是说。到达敦煌后，全所同人和憨厚的山民们一起挖沙浇水，光着脊梁干了五十多天，筑了一道高两米、长两千米的围墙，把四百九十二个石窟连同上寺、中寺、下寺三座庙观保护起来。直到今天，这座饱经沧桑的围墙仍然在莫高窟挺立。

在敦煌，常书鸿经历过爱妻出走、经费断绝、机构精简的种种磨难。“在苦不成寐的长夜里，回想回国之后几年来的坎坷风雨，回想妻子跟我一起遭受的痛苦，在怨恨之后，心头又袭来一阵自责。是呵，我没重视她的思想变化，帮她解开思想上纠结的疙瘩。在贵阳，遭日寇飞机轰炸后，她精神上的创伤难以愈合。敦煌是一个佛教圣地，她作为一个信仰基督教的人，也许内心有一种深刻的不适应。过惯了长期的法国留学的生活，在这过于艰辛又没有尽头的生活中，很难挺过去的。我自己一心沉在工作里，没有时间照顾家庭和妻子，工作不顺心时也常常发生争吵……这一切，都是我所忽视的，我的失误。”在研究所被关闭的日子里，常书鸿奔赴重庆，由于傅斯年、徐悲鸿、向达、陈寅恪、梁思成的帮助，敦煌艺术研究所才得以再次恢复。以后，一批又一批年轻的画家和日后的敦煌学者，段文杰、郭世清、霍熙亮、凌春德、范文藻、李承仙、欧阳琳、孙儒涧、黄文馥、史苇湘等来到敦煌。1948 年 8 月 28 日，敦煌艺术研究所在南京举办大型《敦煌艺展》，展出作品五百幅。蒋介石冒雨参观，于右任、陈立夫、孙科、傅斯年等都是热情观众。1950 年 4 月 10 日，《敦煌文物展览》在故宫午门楼上举办，开幕前三天，周恩来总理前往参观。周总理赞扬道：“你们多年来在沙漠艰苦地工作和生活，主要的任务就是保护敦煌文物，介绍敦煌文物。尤其是开凿在长达一公里悬壁上的四五百个布满千百年前古代艺术家创作的雕塑和壁画的石窟，其保护工作是繁重的。从今天我看到的几百幅壁画摹本，已经看出，你们做了非常宝贵的贡献。”

常书鸿去世后，遵照他的意愿，把骨灰埋葬到他一生为之贡献的敦煌莫高窟。

说起保护北京城，自然会想到梁思成。梁思成的父亲梁启超，广东省新会人，与康有为齐名，史称康梁。梁启超是中国近代维新派领导人，光绪十五年（1889 年）中举，光绪二十一年再次进京应试，住在宣外粉房琉璃街115号的新会会馆，翌年在此结婚。甲午战争后，清政府与日本签订《马关条约》，1895年随康有为发动“公车上书”，戊戌变法失败后流亡日本。辛亥革命成功后，于1913年回国，出任由立宪党改组的进步党首脑，任北洋政府司法总长。1915年袁世凯恢复帝制，梁启超于次年在新会会馆起草策动蔡锷组织护国军反对袁世凯的保国会章程。袁世凯死后，梁出任段祺瑞政府财政总长兼盐务总署督办，住在东直门南小街迤西的北沟沿胡同。北沟沿胡同属东城北新桥地区，胡同自北向南沟通大菊胡同和东四十四条，长三百多米。明代，称学房胡同。清朝属正白旗，乾隆时称官学胡同，宣统时称北沟沿。民国后沿称。过去，从东直门北小街至北京站是一条由北向南排水沟，至今北京站附近转向东流入泡子河，因胡同临近排水水沟而名。1949年称“北沟沿胡同”，“文化大革命”中一度改称“红都胡同”，后复称“北沟沿胡同”。现胡同西侧与新太仓二巷相通，东侧有两条支巷通往小菊胡同。胡同内23号院，为梁启超故居，其子梁思成也住在这里。1917年梁启超退出政坛，晚年在清华学校（今清华大学）任教。

梁思成早年毕业于清华学校，后赴美国攻读建筑，获硕士学位。回国后，任沈阳东北大学建筑系主任。“九·一八”事变，日本帝国主义侵占东北，梁思成偕妻子林徽因迁到北平，任中国营造学社法式部主任，从此投入中国古代建筑的研究。从1931年至1937年，梁思成一家住在北总布胡同24号院（当时的门牌是3号），他们的小儿子梁从诫也出生于此。北总布胡同在东城区东南部，北起大雅宝胡同，南至东总布胡同，清乾隆时称城隍庙胡同，因街内有一城隍庙得名，民国三十六年改称北总布胡同，并沿称至今。总布胡同因明代设总捕衙署名总捕胡同或总铺胡同，乾隆时称总部胡同，宣统时以南小街为界，分称东、西总布胡同。1900年6月20日，清兵神机营领崔恩海将肆意

北总布胡同

挑衅的德国公使克林德击毙于西总布西口，成为八国联军入侵北京的主要导火索。八国联军入侵北京后，清廷便按照八国联军公使团的要求，在事件发生地点为克林德建造牌坊，碑文由光绪帝亲写，额题“克林德碑”四字，被国人视为国耻。1918年，德国在一次大战中战败，将碑移至中央公园，坊额改为“公理战胜”。新中国成立后，又将此改为“保卫和平”坊。北总布胡同2号系美国煤油大王洛克菲勒为其父母所盖，日本投降后成立军事调处执行部，中共代表叶剑英、国民党政府代表郑介民、美国政府代表罗伯森、美国总统特使马歇尔等曾参加。梁思成所住的原3号院为广亮大门，是一座很讲究的三进宅院，里院3间正房前廊后厦，东里间是梁思成、林徽因夫妇的卧室，西里间便是著名的“太太的客厅”，梁思成、林徽因夫妇的挚友、哲学家金岳霖当年便住在后罩房。林徽因的“太太的客厅”名扬京城，成为当时北京最著名的文化沙龙，沈从文、徐志摩、萧干、冰心、李济、张奚若等都是座上宾。

中国营造学社在赵堂子胡同甲2号（今赵堂子胡同3号），与梁思成住所之间有后赵家楼胡同相通。7年间，梁思成和林徽因夫妇发现赵州桥、应县木塔和五台山佛光寺等古代建筑遗迹，与中国营造学社的同人调查了国内137个县市、1823座古建筑，对其中的206座古建筑进行了详细测绘，完成图稿1898张、论文和报告《正定古建筑调查纪略》《大同古建筑调查报告》《赵县大石桥》《晋汾占建筑预查纪略》《曲阜孔庙之建筑及修葺计划》等十余篇。所编著的《清式营造则例》，至今仍为古建工作者必读的工具书。1937年抗日战争开始，梁、林举家南迁昆明。1946年，梁思成回到母校清华大学创办了建筑系，住进了清华大学新林院8号。同年，梁赴美国讲学，因他在中国古代建筑的研究上做出了杰出的贡献，被美国普林斯顿大学授予名誉文学博士学位。1947年，被中国政府派往美国担任联合国大厦设计顾问团的中国顾问。

1948 年，被选为中央研究院院士。

1949 年，北平和平解放前夕，按照毛泽东和周恩来的指示，张奚若带两名解放军干部来到清华大学新林院，向梁思成和林徽因请教一旦解放军攻城时，哪些文物必须设法保护。梁思成高兴得从椅子上跳了起来，他说："终于让我等到了这样一支军队……"梁思成还写出《全国重要建筑文物简目》，以备解放军南下作战及保护文物之用。其中提出的第一项文物，即"北平城全部"，注明北平为"世界现存最完整最伟大之中古都市；全部为一整个设计，对称均齐，气魄之大举世无匹"。1950 年 2 月，梁思成与北京都市计划委员会的陈占祥共同提出《关于中央人民政府行政中心区位置的建设》，该方案包含了当时世界上最先进的城市发展理念，史称"梁陈方案"。"梁陈方案"本着"古今兼顾，新旧两利"的原则，从整体保护的构思出发，建议把中央行政中心放到西郊，避免大规模拆迁，降低经济成本，延续城市社会结构及文化生态，为未来北京城的可持续发展开拓更大的空间；另外，提出平衡发展城市的原则，增进城市各个部分居住与就业的统一，防止跨区域交通的发生。但梁思成没有料到，此方案很快被否决。批判者说，梁思成是为古而古，妄图将北京老城当作一个博物馆保存起来。对此，梁思成曾对当时北京市的一位负责人直言："在这些问题上，我是先进的，你是落后的，五十年后，历史将证明你是错误的，我是对的。"因为这个方案，梁思成命运崎岖。1955 年林徽因女士溘然而逝，享年五十一岁。1963 年，梁思成研究成果《营造法式》出版。1972 年 1 月 9 日梁思成离开人间，享年七十岁。

《时光荏苒》

年复一年胡同的建筑似乎显得陈旧，但它伴随着多少代人的成长，寄托着多少人的忧思与欢乐，似乎无人说得清楚。真是阳光依旧，岁月荏苒。

北京胡同名居荟萃

历史上的北京，胡同内可谓名人荟萃、数不胜数。2005 年由北京市政协和北京市文物局联合组织的普查显示，仅东城区、西城区和原宣武区就有名人故居三百余处，其中被列为国家级文物保护单位的有宋庆龄故居、郭沫若故居、崇礼旧宅、恭王府、孚王府五处。市级文物保护单位中，在北京逝世的名人故居有孙中山逝世纪念地和鲁迅故居、毛泽东故居、李大钊故居、康有为故居等十五位名人的十八处故居，已挂牌保护的各级名人故居三十九处。以有三千年建城史的北京而论，三百处名人故居远不能反映古都风貌。比如在英国一座小院的墙上，镶刻着别致的纪念牌，上面写道："这是一位为艺术而奉献了一生的画家，请游客不要惊动他。"这位艺术家并没有莫扎特那样高的知名度，但当地人认为他曾经努力过，也应该受到尊重。在日本仙台市，鲁迅先生求学时住过的二层小楼前，立有"鲁迅故居迹"的石碑，房子的主人还把这几个字印在名片上，为祖辈曾与鲁迅先生的友好交往而深感骄傲。以北京三百处调查结果来看，立有标志的挂牌数目仅占十分之一，相比之下，我们对名人的认识尚有很大差距。

在北京的胡同里，曾有不少文坛巨匠生活很长一段时间。中国有两位因飞机失事遇难的文化名人，第一位是徐志摩，第二位是郑振铎。徐志摩是金庸的表兄，著名诗人、散文家，生于1897年，1918年毕业于北京大学，1930年任北京大学教授，1931年从上海回北京时因飞机失事而去世。郑振铎，我国现代杰出的爱国主义者和社会活动家，又是著名作家、学者、文学评论家、文学史家、翻译家、艺术史家，也是国内外闻名的收藏家、训诂家。1950年，住西四颁赏胡同13号。一年后，搬至景山脚下的黄化门17号。1958年10月17日，他率领中国文化代表团出国访问，翌日因飞机失事遇难殉职。其妻高君箴及子女郑小箴、郑尔康继承郑振铎毕生为文化服务的精神，将其生平收集的善本孤本等17214部94441册中外文图书全部捐献国家。

颁赏胡同东西走向，东起西黄城根南大街，西至西四南大街，全长400米，均宽3米。明代为堆放木料的场所，称板场胡同。清演称板厂胡同、板肠胡同。当年这条胡同里王府特别多，可能老爷们更加注重皇家发放银颁，1911年改称颁赏胡同。1965年良乡胡同并入，良乡胡同在其东部北侧，明代在西安门外建有廊房，称廊房胡同，清改今名。西黄城根南大街9号，原是清朝礼王府，1981年华国锋住进此院，直到2008年去世。

宣武门外南半截胡同7号，是鲁迅在第一次来京的故居。绍兴会馆创建于清道光六年（1826年），原称“山阴会稽两邑会馆”，简称“山会邑馆”。民国初年，山阴、会稽两邑合并为绍兴县，会馆更名为“绍兴会馆”，又名绍兴县馆。1912年5月，鲁迅随南京临时教育部北上，直到1919年11月，均住此地。鲁迅最初的住房东边有藤花池，名“藤花馆”。后迁到西边的“补树书屋”，现已拆除，只剩一棵槐树。1917年8月，《新青年》杂志主编来访，以后鲁迅在“补树书屋”写下《狂人日记》《孔乙己》《药》《一件小事》等著名作品，并翻译文章五十余篇。鲁迅，中国文学家、思想家、革命家和教育家。原名周树人，字豫才，浙江绍兴人，1881年9月25日诞生。1902年去日本留学，原在仙台医学院学医，后从事文艺工作。1905—1907年，参加革命党人的活动。1909

年，与其弟周作人一起合译《域外小说集》。辛亥革命后，曾任南京临时政府和北京政府教育部部员、佥事等职，兼在北京大学、女子师范大学等校授课。五四运动前后，参加《新青年》杂志工作，成为“五四”新文化运动的主将。1924 年春，鲁迅亲自设计了阜成门内西三条胡同 21 号幽静的四合院。同年五月建成后，鲁迅迁入居住，直到 1928 年 8 月离开北京。1929 年 5 月和 1932 年 11 月，鲁迅两次从上海回北京来这里看望母亲。与北房后边接建的小屋，是为“老虎尾巴”，鲁迅称其为“绿林书屋”，是鲁迅的创作室兼卧室。鲁迅先生在这里写下了《野草》《华盖集》《华盖集续编》以及《坟》《彷徨》《朝花夕拾》中的部分作品。故居前院有鲁迅手植的丁香，后院水井旁有鲁迅手植的刺梅，每到春季，两棵树依然开放。故居东侧已成为博物馆，专门收藏鲁迅的文物史料。

人民艺术家老舍住东城区灯市口西街丰富胡同 19 号，这是一个比较小的四合院，老舍先生在院内种花植草，以图保留他年轻时候北京的风貌。因院中种有一棵柿子树，又名“丹柿小院”。老舍原名舒庆春，1899 年生于北京。1918 从北京师范学校毕业后，曾任小学校长和中学语文教员等职。1924 年赴英国，任伦敦大学东方学院中文讲师，并进行文学创作。1937 年，长篇小说《骆驼祥子》问世。抗战爆发后，主持中华全国文艺界抗敌协会的工作，创作《四世同堂》等大量小说与剧本。1949 年 12 月 9 日，老舍应周恩来总理的邀请，由美国返回北京。曾任全国人大代表、全国政协常委、中国文联副主席、中国作家协会副主席、北京市文联主席等职。代表作有长篇小说《离婚》《骆驼祥子》《四世同堂》《正红旗下》；中、短篇小说有《微神》《月牙儿》《我这一辈子》；话剧《龙须沟》《茶馆》。

北京东城区后圆恩寺 13 号的，是茅盾 1974 年至 1981 年居住的地方。茅盾本名沈德鸿，字雁冰，1896 年 7 月 4 日生于浙江桐乡县乌镇。十岁丧父。从北京大学预科毕业后，入上海商务印书馆工作，成为文学研究会的首席评论家。他参与了上海共产主义小组，筹建中国共产党，在广州参加国民党第二次代表大会，任国民党中央宣传部的秘书。代表作有《子夜》《林家铺子》《春蚕》《腐蚀》《霜叶红似二月花》等。中华人民共和国成立后，其历任文联副主席、文化部长、作协主席，并任全国政协副主席。1981 年辞世。

徐悲鸿纪念馆原在东城区受禄街 16 号，后因修地铁，70 年代在西城区新街口北大街 53 号重建，1983 年 1 月重新开放。徐悲鸿（1895—1953 年），现代绘画艺术大师，美术教育家。江苏宜兴人。自幼随父徐达章学习诗文书画，1916 年入上海复旦大学法文系，1917 年留学日本学习美术，1919 年赴法国留学，1927 年回国，先后任上海南国艺术学院美术系主任、中央大学艺术系教授、北京大学艺术学院院长。1933 年起，先后在法国、比利时、意大利、英国、德国及苏联举办中国美术展览及个人画展。历任北京大学、桂林美术学院教授、北平艺专校长。中华人民共和国成立后，任中央美术学院院长，中华全国美术工作者协会主席。画马为世所称，代表作有《奔马图》《田横五百士》《愚公移山》《九方皋》等。

中国医药学，是我国人民几千年来与疾病做斗争的经验总结，是祖国宝贵文化遗产的一部分。日本的汉方医学，韩国的韩医学，朝鲜的高丽医学、越南的东医学都是在中医的基础上发展起来的。早在金元时，北方地区就有刘完素火热说、张从正攻邪说、李东垣脾胃说和朱震亨养阴说的四大家。1935 年，国民政府颁布中医条例，规定对所有中医实行考核立案，挑选医术精湛的萧龙友、孔伯华、汪逢春、施今墨四人负责命题与阅卷，从此就有了“京城四大名医”。

萧龙友，四川省三台县人，生于 1870 年 2 月 13 日，卒于 1960 年 10 月 20 日。在四大名医中，萧龙友的年龄居长。萧幼读经史，27岁考中拔贡，入北京任八旗教习。后任山东淄川、济阳两县知县。1914年奉调入京，历任财政、农商两部秘书及府院参事、农商部有奖实业债券局总办等职，并由执政府内务部聘为顾问。萧龙友从官之余行医治病，颇受患者欢迎。1928年毅然弃官行医，正式开业，自署为“医隐”，号为“息翁”。他的住所及医寓坐落在西城区兵马司胡同59号（原22号），街门坊上挂有亲笔书写的“萧龙友医寓”木牌，木牌绿字酱红色底，当年北京民间流有“言菊朋下海，萧龙友挂牌”的佳话。

兵马司胡同在西四南大街西侧，北面有大院胡同、能仁胡同与砖塔胡同相通，南面是丰盛胡同。胡同内有国家档案局宿舍楼、联合大学分校、中国法学会及若干四合院。明清两代，北京内五城和外城皆设兵马司，专职防察奸宄，禁捕贼盗，疏通沟渠，巡视风火，管理街道沟渠事。明万历八年规定，“凡五城兵马，掌京城内外街道、沟渠，各奉札付，分坊管理，每二年，申呈更调”。明代的兵马司隶属兵部，清代的兵马司隶属都察院。清光绪二十七年（1901年）撤销五城兵马司，成立工巡局。光绪三十一年（1905年）九月又撤销工巡局，成立巡警部。北京设置警察总厅和内外城警察厅，此为北京称警察之始。至宣统末年，北京设置派出所，当时内城有204个派出所，外城136个派出所，是北京有派出所之始。

由于萧龙友医道精妙，受到各阶层人士的推崇和信赖，袁世凯、孙中山、梁启超、蒋介石、段祺瑞、吴佩孚等都请他诊治过疾病，被誉为北京四大名医之冠。连北京医院的德国医学博士狄博尔遇到疑难杂症时，也总要邀请萧大夫去他们医院会诊。在此之前，中医师能进入西医院会诊，尚无先例。萧龙友对中医教育事业也非常重视，1930年与孔伯华先生共同创办北京国医学院，他还和孔先生在学院开设门诊，以诊费补贴办学经费。

兵马司胡同位于东城区西北部，东起交道口南大街，西至南锣鼓巷，南有支巷通东棉花胡同，北靠秦老胡同，属交道口街道办事处管辖。

该学院开办十余年间，毕业学员数百人，对当时处于逆境中的中医事业起了挽救和促进作用。1953 年，萧龙友当选为中国科学院院士。

孔伯华住在土儿胡同 61 号。土儿胡同位在东四北大街西侧，呈东西走向，全长 560 米，宽 4 米。东端北折，北起交道口东大街，西止交道口南大街，南有支巷通香饵胡同。明属教忠坊，称土胡同。清朝属镶黄旗，乾隆时称补儿胡同，宣统时称土儿胡同，民国后沿称。1965 年整顿地名时将吉照胡同并入，此胡同现已无存。孔伯华，1884 年 6 月 5 日出生于山东济南，幼承家学，研讨古医籍，逐渐远近闻名。1910 年，孔伯华始入京城，应聘外城官医院医官。孔伯华擅长温热病学，喜用石膏，有“石膏孔”的美誉。1929 年，汪精卫任国民党政府行政院长时，明令废止中医，引发全国中医界反对。各地代表聚集上海，组织“联合赴京请愿团”，孔伯华被推选为临时主席，前往南京汪精卫政府请愿。使反动当局不得不收回成命，并被迫同意成立国医馆。中华人民共和国成立后，傅连暲特地上门请他为毛主席看病。他给主席的信中写道：“医之活人，何分中西，存心一也，但其理法不同。今逢毛主席洞察其旨，发扬数千年之文化，何幸如之。愿努力发挥，以期理法臻于完善，达于全球，使病者有所依，必先从教育人才始。”1955 年，孔伯华逝世，周恩来总理任治丧委员会主任，并亲临他的寓所吊唁。

名人故居是历史的实物证据，见证了当年在这里所发生的重大事件。它又像一本历史书，讲述了一代人不平凡的生活经历。调查显示，名人故居中已被拆除的比例高达三分之一，主要是自 20 世纪 90 年代以来城建中拆除的。八道湾胡同的鲁迅故居、广渠门内大街的曹雪芹故居就遭此命运。有的故居则正在拆除或即将拆除。棉花头条 1 号林白水故居原是区级文物保护单位，林白水曾任孙中山大总统府秘书、先后与章太炎、蔡元培等创办《中国白话报》《俄事警闻》《警钟日报》，在北京创办《社会日报》，1926

年因讽刺张宗昌被军阀杀害，1985年国家民政部追认为革命烈士，但在2002年棉花片拆迁时以易地重建为名被拆除。另外，故居年久失修、改建、院内私搭乱建的也在三分之一左右。原崇文区一直以缺乏名人故居而自嘲，据我所知，北京会馆的前身试馆，便起自崇文门外花市的遵化试馆和蓟州试馆。该区西半壁街13号院，系晚清十大高手谱中一代豪侠大刀王五的故居。大刀王五与霍元甲、黄飞鸿、燕子李三等著名武师齐名，义和团反帝爱国运动兴起后，他毅然率众参加，后被八国联军枪杀于前门。此处也是北京现存唯一的镖局，现已残破不堪。

名人故居是城市的特殊坐标，是不可再生的宝贵人文资源，需要社会各界的关注和呵护。为了保护广渠门内的袁崇焕墓祠，佘家17代辈辈相传，恪守“不能为官、不能回广东老家”的祖训，为英烈守卫370多年。我们也应以此为鉴，把保护名人故居的传统世世代代保留下去。

《绿色通道》

看似拥挤杂乱的堆砌，但都是生活的真实，胡同内的浓荫，给人们带来一丝丝凉意，三轮车，自行车是人们绿色的出行工具，山扁豆淡紫色的花点缀出胡同的生机。

胡同里的“粉墨春秋”

北京自古以来就是北方的经济中心，是中原文化和北方草原地区文化的交会融合处。由于地理位置优越，交通发达，各族商旅往来频繁，从三千多年前西周召公封燕开始，燕都蓟城一直有“富冠天下”之称。据史书记载，战国时蓟城市肆十分热闹，城里有定期的集市和庙会，南来北往的军旅客商在这里进行频繁的贸易。商业的发展，自然带动了文化艺术的进步。隋唐时，北京称为幽州。《朝野佥载》记有“幽州人刘交戴长竿，高七十尺，自擎上下。有女十二，甚端正，于竿上置定，跨盘独立”。《杜阳杂编》载，幽州妓女石火胡，“千百尺竿上张弓弦五条，令五女各居一条之上，衣五色衣，执戟持戈，舞破阵乐曲，俯仰来去，赴节如飞”。书中不仅描述了北京戏曲杂技的表演内容和伴奏乐曲，还把演员的名字记录下来，可见戏曲在北京地区的影响之大。

金朝建都北京（时称中都）后，在古代乐舞、徘优和百戏基础上形成的宋杂剧出现了分化，部分杂剧演员随同宋室南下到了临安（杭州），逐渐与南方的乐曲结合，演化为“南曲”；另一部分艺人则集聚到北京演出，与在北京的艺术家合作，把融合了中国古代音乐成果的唐宋大曲、辽、金大曲等传统音乐艺术和流行于北方幽燕一带的音乐文化结合起来，创造出崭新的、为北京地区民众喜闻乐见的戏曲声腔“北曲”。北曲在北方戏曲发展中占有重要地位，金杂剧（又称金院本）、元杂剧（又称元曲）都使用北曲音乐，明传奇、清代昆曲也部分采用北曲唱法。北曲的曲目也很多，仅《九宫大成南北词宫谱》一书，就收录北曲 581 个曲牌。

明清建都北京后，起源于江西民间的弋阳腔与北方语言、戏曲音乐相结合，形成带有北京地方特色的燕俗之剧“京腔”，有“京腔六大班”和“京腔十三绝”之说。“京腔六大名班”系活跃在北京舞台上的大成、王府、余庆、裕庆、萃庆、保和六大京腔戏班；“京腔十三绝”指当时最受观众欢迎的十三位京腔演员。乾隆年间，廊房头条诚一斋南纸店的掌柜为招揽顾客，特地请来画家贺世魁，把这些最负盛名的演员戏装图画在匾额上，挂在店铺门首，“京腔十三绝”由此得名。据清杨静亭《都门纪略》记载：“人物匾额，时人贺世魁画，所绘之人，皆名檀词场，霍六、王三秃子、开泰、才官、沙四、赵五、虎张、恒大头、卢老、李老公、陈丑子、王顺、连喜，号十三绝。”

随着城市经济文化的发展和戏曲的兴盛，北京的戏曲演出场所也发生了很大变化，设有舞台的茶园逐渐取代了宋元以来的勾栏和后来的戏棚，逐渐成为营业性的室内演出场所。《都门纪略》记有 19 世纪北京最大的九家戏园，三庆园，大栅栏；广德楼，大栅栏；广和园，大栅栏；广乐园，大栅栏；同乐园，大栅栏；中和园，粮食店；广和楼，肉市；裕兴园，鲜鱼口；天乐园，鲜鱼口，这些大戏园都集中在前门外一带。这一带既是勾栏、私寓和八大胡同所在地，也是昆曲、京腔、秦腔及皮黄腔等各大戏班的云聚之处。有首竹枝词写道：“八大胡同客尚醒，醉生梦死任人评，谁家狎客常居此，公子王孙属不清。”再加上外官转迁，举子科考，外地人流的涌入，使得前门外地区热闹非常。

乾隆五十五年（1790 年），三庆徽班进京祝寿演出，陆续进京的还有其他各班，在北京舞台上演唱昆曲、京腔、秦腔及皮黄腔等剧目。徽班在祝寿演出后，照理应该立即

《红灯高挂客来稀》

在繁华的街巷背后，隐藏的小型客店随处可见，都说酒好也怕巷子深，但是在通信工具高度发达的今天，兴许店主是不愁客源的，只不过是见到客店外墙上悬挂着成串的、广告似的灯笼，在微风中似舞女腰肢般飘荡，使人联想到“红灯儿”一词的另外含义。

《全家和睦幸福多》

一处颇有气派的古宅门，满地碎砖散落于门道之中，显出此院住户内心的几分惶恐，大概是即将搬迁的缘故，谁也无心收拾这破旧的遗物，还坚守在大杂院的胡同的老少遗民们似乎不忘春节的习俗，半副被保护得相对完整的对联还醒目地贴在门外的砖墙上，为他们守护着吉祥。

回转南方，但京师的繁华、众多的观众、北京的文化氛围，使他们体验到戏曲在这个大舞台有无限的发展余地。于是他们在艺人云集的前门外落脚，居住于粮食店梨园馆，开始了创新之路。徽剧流行于安徽省安庆一带，早期只用昆弋腔演唱吹腔和拨子曲牌，后来受西秦腔和湖北二黄调的影响，在枞阳（桐城所属的镇）、石牌一带形成一种新腔。三庆班为在北京演出成功，除采用二黄、昆曲、吹腔、拨子外，还吸收了柳枝腔、罗罗腔等多种声腔和剧目，已经形成以徽剧为基础、荟萃南北曲调的综合戏班。他们演出的剧目题材新颖，情节感人，演员武打独特，唱念俱佳。特别是他们到北京后，又融合了京腔的字音、秦腔的生活气息、昆曲的身段动作舞蹈音乐，受到观众对综合戏班的欢迎。据《批本随园诗话》记载，在这段时间里，北京出现了“三庆”“四喜”“启明”“霓翠”“和春”“春台”等戏班。其中“启明”“霓翠”两台为昆曲班，另外四台因均与徽剧有关，时称“四大徽班”，有“三庆的轴子、四喜的曲子、和春的把子、春台的孩子”之说。三庆的“轴子”，指演新编连台本戏；“四喜的曲子”指四喜班的昆曲誉满京师，据说四喜班由在京的昆曲艺人与徽戏艺人联合组成，昆、徽并演，以演出昆曲为主，都门竹枝词有“新排一曲桃花扇，到处哄传四喜班”；和春班建于嘉庆八年，由庄亲王出资，约请外地名家和安徽艺人合作，以武戏为主。“和春曰把子……工技击者各出其技”；春台班“联络五方之音合为一致”，以演徽剧为主，兼演秦腔和昆腔，因团内伶工以少年为主，故曰“春台的孩子”。

“四大徽班”进京后，三庆班曾设在韩家潭，老北京的梨园公会就设在36号院。韩家潭，现今叫韩家胡同，据史料记载，康熙年间，著名戏剧家李渔（字笠翁）曾在此居住。这条胡同多为“南班”妓院，有名的有环采阁、金美楼、满春院、金凤楼、燕春楼、美仙院、庆元春等20多家。道光咸丰年间，余三胜、张二奎、程长庚开创出京剧三大老生流派，被称为“老生三杰”，或老生“三鼎甲”。程长庚，祖籍安徽省潜山县，道光年间入京，同治、光绪年间掌三庆班，同人尊称“大老板”。程先后居住石头胡同和百顺胡同，寓名“四箴堂”，“三庆班”后也迁到百顺胡同，梅兰芳1900年迁至此地居住过。四喜班在陕西巷，当年的一等妓院有十六家，以清末名妓赛金花入主的怡香院最有名，现在这所妓院的房屋建筑和布局保存较好。余三胜原是汉调老生，清道光中期继著名汉调老生王洪贵、李六之后进京，搭徽班演出，住在石头胡同61号，后为“四大徽班”之一春台班的台柱。王、李二人为京城带来了“楚调新声”的西皮调，余三胜则创造出抑扬婉转、优美动听的京剧唱腔。在念白上，他将汉调语言特点与北京地区语言特点相结合，形成了京剧舞台的语言念法。张二奎在北京的故居有两处，一处位于永定门大街路东之忠恕里；另一处在石头胡同39号。张嗓音宽厚，唱腔朴实，时有“年少争传张二奎”的诗句。据传咸丰十年因其母病逝，“以优伶潜用官宦排场举动”而定发配罪，死于通州。

同治以后，谭鑫培是对京剧做出划时代贡献的极少数艺术大师之一，与汪桂芬、孙菊仙三人被称为老生后“三杰”或后“三鼎甲”。谭鑫培住在前门外铁树斜街大外廊营1号，大门前原有木牌上写“英秀堂”三字。谭家从清朝咸丰年间便在这里居住，前后住了六代人，长达一百三十多年。谭鑫培后人：谭小培、谭富英、谭元寿、谭孝增都出生在这里。这套宅子坐西朝东，是东、中、西三进院落，共有四十多间房屋。院内西侧是南、北两座相通的西式两层楼房，1912年建成，谭富英的婚礼就是在这个楼上举行的。后来，谭富英夫妻搬到了中院北房居住，南房是谭富英的长子谭元寿夫妻居住。这所宅子的中院非常宽敞。谭富英经常在这里吊嗓、练功。谭元寿以及谭富英的弟子们也经常在这里排戏、练功。与谭鑫培同期的著名京剧演员还有小生和武生王楞仙、俞菊笙，旦行梅巧玲（梅兰芳之父）、陈德霖、王瑶卿（梅兰芳之师），老旦龚云甫、谢宝山，净行何桂山，裘桂仙，丑行有罗寿山、郭春山、王长林等。

20世纪二三十年代，北京京剧舞台出现了“四大须生”和“四大名旦”。他们都具有独特的艺术风格，各成一派。“四大须生”为余叔岩、高庆奎、马连良、言菊朋；“四大名旦”为梅兰芳、尚小云、程艳秋（后更名程砚秋）、荀慧生。到了40年代，余叔岩等相继去世，马连良、谭富英、杨宝森、奚啸伯成为新的“四大须生”。除“四大名旦”外，还有“四小名旦”：李世芳、张君秋、毛世来、宋德珠；“南麒北马关外唐”：南方的老生演员麒麟童（周信芳），北方的马连良、东北的唐韵笙之说。这一时期，其他行当的著名流派有：武生演员杨小楼、尚和玉、俞振庭、盖叫天等；净行演员有金少山、郝寿臣、侯喜瑞、裘盛荣、袁世海等；丑行演员有萧长华、慈瑞泉、马富禄等；小生行的代表人物有程继先、姜妙香、金仲仁、叶盛兰等；武丑演员有叶盛章、张春华等；老旦行有李多奎等，他们各成流派，为后代所继承。

马连良，北京人，八岁入喜连成科班，十四岁开始主演老生，十五岁变声后，学习重念剧目《审潘洪》《十道本》《胭脂褶》《盗宗卷》。他时常观摩谭鑫培所演《连营寨》《天雷报》《捉放曹》《南阳关》等杰作，获益颇深。马连良先生的演唱艺术世称“马派”，代表剧目有《白蟒台》《一捧雪》《借东风》《苏武牧羊》等，享誉数十年不衰。马先生在北京居住过前门外南深沟、草厂下六条、宣南延寿寺街北口的大耳胡同等很多地方。20世纪20年代初成名后，在原崇文区豆谷胡同购置了一所豪华的大宅院。前院五间为会客厅，东西厢房各三间。北房是马先生的父母居处，马连良夫妻居住在西跨院，中院是餐厅，后院是马连良练功的功房和存放服装的仓库。由于马先生是回族，西厢房有伊斯兰教的礼拜堂。1951年马连良从香港回京后，住在西单报子胡同76号，后名复兴门内大街54号。这所两进的院落是1950年购置的，他的祖母满氏居住在前院北房，

马连良《四郎探母》剧照。

马连良居住在后院，故地现为盛祥饭庄。

杨宝森初学谭派，幼年师事裘桂仙，十二三岁时嗓音明亮，专攻余派，所演《捉放曹》《击鼓骂曹》《洪羊洞》等剧，均获得很好声誉，有“小余叔岩”之称。三十岁以后吸取谭、汪（桂芬）诸家之长，在其兄琴师杨宝忠、鼓师杭子和的辅助下，创立了宗余的杨派唱腔，代表剧目有《伍子胥》《杨家将》《失空斩》《击鼓骂曹》等。杨先生住在宣南骡马市大街北侧的红线胡同17号，这里以前叫作麻线胡同6号。杨的宅子坐西朝东，门前是四层青条石板台阶。院内左首是到座东房四间，是待客厅。杨宝森夫妻住在上房，院内很宽敞，杨宝森的弟子经常聚在这里吊嗓、练功。在杨宝森的一生中从没有出现过轰轰烈烈的黄金时代，也有人说过，他唱了一辈子戏没挣过大钱。还有人说，杨先生红在死后。1957年2月13号，杨宝森在天津演出《奇冤报》之后便因病返回北京治病，同年秋天杨宝森和程砚秋联袂灌制了全部《武家坡》唱片，转年2月10号便在北京去世，年仅49岁。奚啸伯祖姓喜塔腊氏，满族正白旗人，祖籍北京大兴县。其祖父裕德是前清文渊阁大学士，后入阁拜相。父曾任度支部司长，善于绘画书法。1929年奚啸伯正式下海，在四十年艺术生涯中，以委婉细腻、清新高雅的唱念艺术，气质文静、感情深沉的表演才华，深受观众的喜爱。奚住原宣武区米市胡同南口东侧的平坦胡同5号，原扁担胡同2号。这套宅子坐北朝南，是一套两进院落。通过前院北房中间步入后院，迎面五间北房，为奚啸伯居住，奚啸伯的徒弟欧阳中石经常到这里来学戏。其代表剧目有《白帝城》《失空斩》《杨家将》《十道本》《范进中举》等。1957年下半年奚啸伯调到石家庄，再也没回到这里居住过。

梅兰芳在北京曾经住过多处，李铁拐斜街是他的出生地，百顺胡同、鞭子巷三条、南芦草园胡同、无量大人胡同（今红星胡同5号）等地为早年住处。无量大人胡同5号

梅兰芳《女起解》剧照。

曾是民间外交场所，《梅兰芳珍藏老别册》曾提及。宅内“亭台楼阁、山石曲廊、院宇深深、景色别致、陈设典雅”，“几年间造访的国际友人多达六七千人，包括瑞典王储古斯塔夫六世夫妇，英、美、意、西、日等国驻华使节，文艺界、教育界、政界、实业界的知名人士等”。现在西城区护国寺街9号梅兰芳故居，系大师生前最后十年的居住地，是一座典型的两进院落四合院。该处原为清末庆亲王奕劻王府的一部分，中华人民共和国成立后经过修缮，梅先生搬到这里居住。故居占地一千余平方米，朱漆大门上悬挂着邓小平同志亲笔书写的“梅兰芳纪念馆”匾额，迎面是青砖灰瓦的影壁，影壁前安放着梅兰芳先生的汉白玉半身塑像，一进门就让人感受到大师的艺术气息。外院五间倒座房，现辟为展厅。内院北房为“故居陈列室”，客厅、书房、卧室、起居室的各项陈设均保持梅兰芳先生生前原貌。院内种有两棵柿子树，两棵海棠树，寓意主人家“事事平安”。参观故居不仅可以直观地了解梅先生的艺术人生，还能感受到老北京四合院典雅宁静、舒适宽敞的建筑艺术和文化气息。

程砚秋，满族人，自幼学戏，受业于梅兰芳。他在艺术上勇于革新创造，讲究音韵，注重四声，追求“声、情、美、水”的高度结合，并根据自己的嗓音特点，创造出一种幽咽婉转、起伏跌宕、若断若续、节奏多变的唱腔，形成独特的艺术风格，世称“程派”。程砚秋擅长演悲剧，编演过《鸳鸯冢》《荒山泪》《青霜剑》《英台抗婚》《窦娥冤》等戏。代表剧目有《武家坡》《贺后骂殿》《锁麟囊》等。程砚秋在北京迁居十余处，有德胜门内后海南沿小翔凤胡同、前门外东大市西湾尺胡同、宣武门外魏染胡同荣蝶仙宅、前门外北芦草园9号、前门外西河沿排子胡同23号、前门内草帽胡同6号、高碑胡同5号、府右街枣林大院兴平巷6号、崇文门内苏州胡同七贤里、东单牌楼东大街西观音寺、西四牌楼北报子胡同18号、青龙桥董四墓程家花园等地。1935年9月至1938

年 12 月住东四北大街路西的什锦花园胡同 15 号，旧门牌什锦花园 6 号。以后二十年间，程砚秋一直住在西四牌楼北报子胡同 18 号（今西四北三条 39 号），直到 1958 年逝世。

尚小云生于北京市安定门内法通寺草场大院。平南亲王尚可喜十二世孙，属汉军镶蓝旗。幼学老生，1907 年进入“三乐社”科班，先习武生，又学花脸，后改学旦行。1913 年演于民乐舞台，与白牡丹（荀慧生）、芙蓉草（赵桐珊）并称“正乐三杰”。“尚派”代表作以巾帼英雄、侠女为多，如《卓文君》《林四娘》《秦良玉》《梁红玉》《双阳公主》《昭君出塞》《乾坤福寿镜》等，都由他首创演出。其故居在原宣武区位椿树下二条 1 号，为尚小云 1937 年创办“荣春社”旧址。

荀慧生早年先后在南半截胡同、香炉营二条、椿树上三条路北等处居住，后移居西单白庙胡同，1957 年开始居住在宣武门外山西街甲 13 号。荀慧生幼年在河北梆子班学艺，十九岁改演京剧，扮演花旦、刀马旦。他功底深厚，嗓音甜媚，擅于用小颤音、半音和华丽的装饰音，擅长扮演天真、活泼、温柔一类的女性，与杨小楼、尚小云、谭小培并称“三小一白”。代表剧目有《红娘》《金玉奴》《红楼二尤》《钗头凤》《荀灌娘》《玉堂春》《十三妹》《得意缘》《大英杰烈》《游龙戏凤》等。

《往事如烟》

这民宅门前的古树，最能体现古都风貌的特色，俗话说名宅易建，古木难寻，它是人间沧桑胡同变迁的见证者，也是历经百年风雨的坚守者，善待这些古树名木就是善待自己的家园，就是善待自己的心灵。